北京非遗传承丛书

传统体育

曹保明◎主编
范益来◎编著

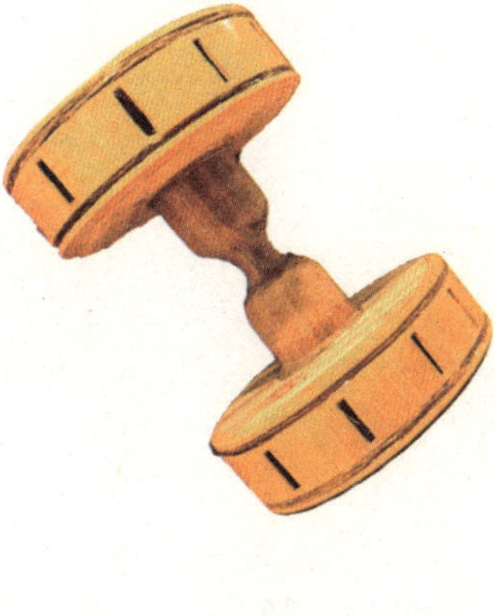

北京出版集团
北京出版社

图书在版编目（CIP）数据

传统体育 / 范益来编著. — 北京 ：北京出版社，2022. 7
（北京非遗传承丛书 / 曹保明主编）
ISBN 978-7-200-17023-8

Ⅰ. ①传… Ⅱ. ①范… Ⅲ. ①传统体育项目—介绍—北京 Ⅳ. ①G85

中国版本图书馆CIP数据核字(2022)第029439号

北京非遗传承丛书
传统体育
CHUANTONG TIYU

曹保明　主编　范益来　编著

*

北京出版集团
北京出版社　出版

（北京北三环中路 6 号）
邮政编码：100120

网　址：www.bph.com.cn
北京出版集团总发行
新华书店经销
河北宝昌佳彩印刷有限公司印刷

*

880 毫米 ×1230 毫米　32 开本　4 印张　90 千字
2022 年 7 月第 1 版　2022 年 7 月第 1 次印刷

ISBN 978-7-200-17023-8
定价：39.80 元

序言

生活中，我们无时无刻不在寻找美好的存在。那么，什么才是美好的存在呢？翻开“北京非遗传承丛书”，我觉得书中展现的这些珍贵的非物质文化遗产就是一种美好的存在。因为它们蕴含着千年古都的文化积淀，折射了中华民族最深层次的精神追求。

本丛书一共 8 册，分别介绍了民俗、民间文学、曲艺、传统舞蹈、传统体育、传统技艺、传统戏剧、传统美术等非物质文化遗产。民俗体现了历代活态的礼仪，演绎出百科全书般的丰富内涵，传递和继承着民族的信仰与精神观念。民间文学是民众生活中一种重要的口头文学传承、传播形式，北京作为口头艺术发源地之一，是一个历史悠久的文化宝库，蕴含了丰富的文化，其中的故事、传说、谚语、民谣、童谣等，陪伴着一代代人度过了无忧无虑的童年时光。曲艺与市井生活有着不解之缘，明清时期各地人将本地的精品带入京师，与繁多的艺术种类融汇在一起，形成了多彩的北京曲艺文化，如古老的相声、评书、大鼓等，后来又普及至全国。传统舞蹈是文化交流传播的硕果，委婉独韵的太平鼓、惊险刺激的高跷秧歌、强悍粗犷的武吵子等，使人感受到传统舞蹈无与伦比的艺术魅力。传统体育是北京生活中最活跃的浪花，体育文化彰显着北京无尽的智慧和力量，精彩纷呈。诞生于 4000 多年前的围棋、熏染了三国硝烟的象棋等，这些弥足珍贵的传统体育项目都拥有自己丰厚的历史文化。传统技艺是人们用眼睛去观看、用手去触摸、用身心去感受的综合文化，一块砖，一块石碑，一条胡同，是今人与古人情感共鸣的载体，这种多元的感悟在某一个瞬间就完成了。传统戏剧包括被称为国粹的京剧，被称为“百戏之祖”的昆曲，老少喜闻乐见的北京皮影戏，等等，这些传统戏剧丰富了北京人的文化生活，也是人们研究北京历史和文化的重要资料。传统美术不但是绚丽的画卷，更体现了创作的博大精深，具有独特的地域性，历代宫廷与市井美术在千年古都融合，与每一个生命息息相关，它是一种活态的生活之美。

北京非物质文化遗产体现了北京不同历史时期的文明演变，是中华民族的历史创造和文明成就。我们编写这套书，就是为了让人们了解这些文化遗产的起源、发展、特点及现状，聆听中华民族悠久的文化声音，体验中华民族的智慧，同时希望人们能够通过这套书加深对首都北京的了解，更加热爱我们的古都文化，并将这些宝贵的文化遗产继续保护和传承下去，让文化遗产“活”起来。

中国民间文艺家协会原副主席

中国文化遗产保护年度十大杰出人物

曹保明

目录

围棋

遗产历史：4000多年

遗产传承人：无

入选情况：第二批国家级非物质文化遗产名录（2008年）

申报地区或单位：北京棋院

围棋的由来

泱泱中华有5000年文明史，而围棋就有4000多年的历史，可谓是名副其实的第一棋。这是有历史可以考证的，2000多年前的先秦典籍《世本·作篇》就记载有“尧造围棋，丹朱善之”，讲的是中国的一位帝王尧，他有一个儿子叫丹朱（因出生时全身都是红色而得名）。这个孩子比较笨，还喜欢打架，连基本的计算都不会。于是，尧帝就想出了一个办法：在方形的木板上放石子，让儿子在上面游戏，这不但圈住了他的心，还锻炼了他的智力，真的是一举两得。这就是围棋的雏形。

围棋棋具（一）

晋代张华在《博物志》中延续了这种说法：尧帝与散宜氏所生子丹朱，不务正业，游手好闲。为了使丹朱改邪归正，尧帝教他下石子棋。

最早下围棋的是丹朱，可是下围棋出名的却是春秋战国时期的鲁国人弈秋，他是当时最善于下棋的人。后来人们称下棋为对弈，顾名思义，就是根据弈秋的名字来命名的。

盘面和棋子

说完了围棋的由来，下面来认识一下盘面和棋子。

乍一看，棋盘上散布着很多棋子，杂乱无章。那么围棋为什么需要这么多的棋子呢？这是因为盘面纵横各有 19 条距离相等、垂直交叉的平行线，共构成 361（19×19）个交叉点，就需要 360 个棋子。由此可见，在棋类体育运动中，围棋的棋子数量当数第一。这大概也体现出了尧帝想锻炼儿子毅力的良苦用心吧。

围棋的规则

熟悉了盘面和棋子，再讲一讲下围棋的规则，这对于我们掌握这门棋艺是很有必要的。

下棋时双方各执一色棋子，黑先白后，交替下子，每次只能下一子。棋子下在棋盘的交叉点上。棋子下定后，不得再向其他位置移动。轮流下子是双方的权利，但允许任何一方放弃下子权而使用虚着。

围棋棋子的气是棋子存活的关键，简单说单个棋子的气，就是这个棋子所在的点延伸出去的那两条交叉线在这个棋子最邻近处的 4 个点。棋子直线紧邻的点上，如果有同色棋子存在，它们便相互连成一个不可分割的整体,它们的气也应一并计算。相反，棋子直线紧邻的点上，如果有异色棋子存在，这口气就不复存在。如果所有的气均为对方所占据，那么这枚棋子便呈无气状态。

把无气之子清理出棋盘的手段叫“提子”。提子有两种：下子后，对方棋子无气，应立即提取；下子后，双方棋子都呈

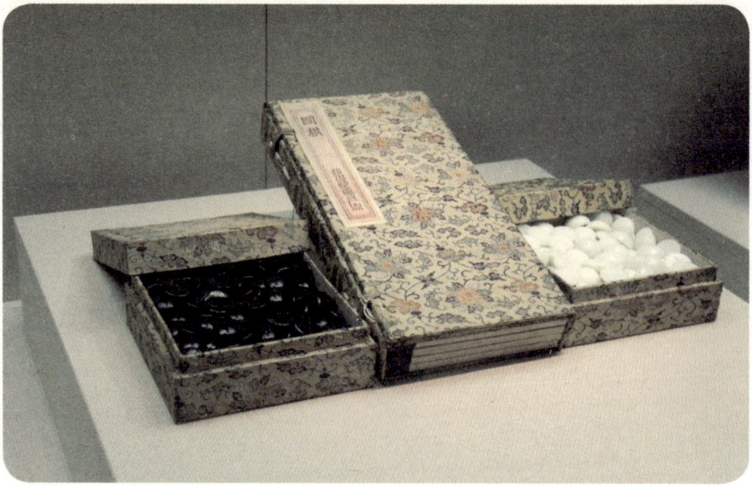

毛泽东用过的围棋

无气状态，应立即提取对方无气之子。

最后，怎么算终局？棋面出现以下两种情况就算终局：棋局下到双方一致确认着子完毕时；对局中有一方中途认输时。

围棋的发展

人工智能的出现，给围棋带来了颠覆性的变化。2016 年谷歌开发的人工智能程序“阿尔法围棋”（AlphaGo），以 4 ∶ 1 大比分战胜了围棋世界冠军——韩国九段高手李世石。2017 年升级版的阿尔法围棋战胜了聂卫平等数十位中、日、韩围棋高手，在 30 秒一手对决中，它以 60 ：0 的骄人成绩完胜对手。

围棋是文人雅士高雅的休闲娱乐方式，是中华文化的瑰宝。我们要传承这一优秀的文化遗产，同时也要关注新技术给围棋带来的巨大变化。下围棋可以培养我们的耐力，同时，在围棋运动中遇挫不退缩的博弈精神，能够帮助我们去迎接生活和学习中的各种挑战。

围棋棋具（二）

象棋

遗产历史：2000多年

遗产传承人：无

入选情况：第二批国家级非物质文化遗产名录（2008年）

申报地区或单位：北京棋院

“楚河汉界”的由来

在棋类体育运动中，象棋具有传奇的军事色彩，它诞生于西汉时期。

公元前 203 年，刘邦出兵攻打楚国，东进至鸿沟时遭到项羽的坚决抵抗，双方僵持不下。由于粮草短缺，兵力不足，项羽被迫提出了“平分天下，割鸿沟以西为汉，以东为楚”的要求。于是，在鸿沟东侧，项羽建立了霸王城；而在鸿沟西侧，刘邦建立了汉王城，这就是棋盘上“楚河汉界”的由来。

韩信与象棋

对于项羽的议和条件，刘邦暂时答应了。但是，刘邦是个善用计谋的人，他觉察到项羽实力不济，想用缓兵之计，图谋一举击败项羽。于是，刘邦迅速联合韩信发起进攻，一直追到垓下，把项羽重重包围起来。此时，项羽还在拼命抵抗。刘邦利用心理战，找来会唱楚歌的人，趁夜深潜入围攻项羽的军队中唱起了楚歌，听到四面汉军都唱楚歌，项羽吃惊地说：“汉军把楚地都占领了吗？为什么楚人这么多呢？”这让项羽产生了四面受敌，处于孤立危急困境的幻觉中。这就是“四面楚歌”的由来。

韩信雕塑

当项羽被刘邦追得无路可逃时，项羽的爱姬虞姬不愿因为自己的拖累而导致项羽落入刘邦之手，就自杀了。项羽带着所剩无几的将士逃到乌江边，这时刘邦已经追了上来。项羽手下人为了让他逃走拼死抵抗。项羽逃到江边，渔民让他乘船到江东重建伟业，而他感到自己无颜再见江东父老，最后也自杀了。这就是历史上著名的“垓下之战”。

统一西汉后，刘邦又忌惮韩信的实力，就设计诱捕他。韩信自知性命难保，打算写一部兵书传给后人。他用筷子在地上画了两条线，称之为“界河”，河中写了“楚河汉界”4个字，又在界河两边各画了36个小格，代表自己活了36岁。接着，他在一边的16块纸片上写上了帅、仕、相、车、马、炮、兵等字，另一边的16块纸片上写上将、士、象、车、马、炮、卒等字，好像打仗双方隔河叫阵的样子。这样，中国最早的象棋就应运而生了。

老北京人街头下象棋铜像

象棋是历史的产物，经过 1000 多年的发展，直到北宋时期才正式定型。进入明、清两代，象棋名手辈出，人们对棋理棋势的研究更加深入，促进了象棋文化的进一步发展。

象棋很快被大众接受。人们席地而坐，摆好棋盘，放上棋盘和棋子，就厮杀起来。

人生如棋

有的人从象棋的对弈中感受到沙场上战马嘶鸣、硝烟滚滚的酣畅，军事家更是把棋盘当作双方较量的沙盘。

1945 年 9 月，周恩来陪同毛泽东到重庆跟蒋介石谈判。谈判桌上，周恩来犀利的言辞，驳得蒋介石无言以对。蒋介石自以为棋艺精湛，邀请周恩来对弈一番。开局，蒋介石急于求胜，当头炮、沉底炮频频发威，一时颇有大军压境之势。周恩来沉着应战，车卒并进，很快化险为夷。进入中局，蒋介石丢马损炮，进攻受挫，只得转入防御。周恩来稳步推进，很快“兵临城下”。蒋介石不得不舍车保帅，兑子求和，最后也未能挽回败局。

人生如棋。棋盘上得不到的东西，蒋介石却想在战场上得到。他凭借优势兵力，第二年就迫不及待地发动了对解放区大规模的进攻。在毛泽东的领导下，中国人民解放军经过 3 年浴血奋战，彻底打败了蒋介石。

认识象棋

讲完了与象棋有关的故事，下面让我们结合棋盘，熟悉一下象棋的排兵布阵吧。

大家看到“楚河汉界”边上的小卒（兵），在过河前，它只能一步一步往前走。过河以后，它不能后退，但可以往前或左右随便移动一步。因此小卒的威力大大增强，有“过河的卒子顶半个车”之说。

炮在不吃子的时候，移动与车完全相同；当吃子时，己方和对方的棋子中间必须间隔 1 个棋子，这个棋子相当于炮架，

象棋棋盘及棋子（一）

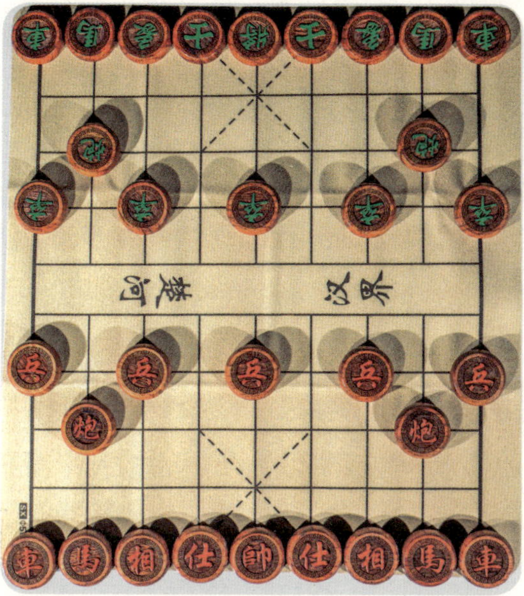

象棋棋盘及棋子（二）

有“炮打隔子”之说。

马先横着或竖着走一格，然后再斜着走一条对角线，俗称“马走日”。它一次可走的选择点最多可以达到四周的 8 个点，故有“八面威风”之说。如果有别的棋子挡住，马就无法走过去，俗称“别马腿”。

车在象棋中威力最大。无论横线、竖线均可行走，只要无子阻拦，它可以长驱直入，不受限制。因此，一车最多可以控制 17 个点，故有“一车十子寒”之称。

帅（将）位高权重，有两层保镖：相（象）担负它的外层保护工作。相（象）每次循对角线走两格，俗称“相（象）飞田”。但是相（象）不能过河，“田”字中央有一个棋子就不能走，俗称“塞相（象）眼”；仕（士）担负帅（将）的内层保护工作，相当于它的贴身保镖，只能在九宫内走动，不能离开帅（将）。

棋盘底部“米”字格叫作“九宫”，相当于部队里的“中军帐”，是将（帅）活动的地方。百万军中取上将首级，这里的上将就是将（帅）。将（帅）是棋中的首脑，是双方竭力争夺的目标，它只能在“米”字格里活动。

有句名言“运筹于帷幄之中，决胜于千里之外”，这里的“帷幄”就相当于“中军帐”。可见用兵之道，贵在主帅多谋善变，通盘筹划。

如果你一时记不住棋子的移动规律，这里有一些口诀，让你化繁为简，方便记住：马走日字象飞田，车走直路炮翻山，士走斜路护将边，小卒一去不回还；车走直路马踏斜，炮打隔子象飞田，卒子过河了不得。

象棋的发展

象棋是军事谋略家韩信在战争中多次亲身实践与理论的完美结合，凝聚了他的智慧，如今象棋逐渐被活用为兵棋推演。

兵棋推演是战争一方在虚拟的地图上，利用棋子在一定规则下进行模拟战争的竞技游戏。在推演过程中，双方根据规则

蒙古族铜象棋

排兵布阵，来模拟战争的过程。再根据推演的结果来制定完美的作战方案，以此来提高战争获胜的概率。不过棋子已经不是冷兵器时代的卒、马等作战元素，而是变为战争时可以使用的战斗单元，如飞机、大炮、坦克等现代化的武器装备。

随着现代军事技术的日新月异，棋盘作为冷兵器时代的沙盘演练功能大大降低。如今的兵棋推演升格为一种虚拟演示，它是利用电脑软件来仿真模拟红蓝双方，进行军力分析与对比，判断胜负。

未来的兵棋推演，网络安全和人工智能在军事冲突中占据着日益重要的地位，这将使兵棋推演成为军事战略中更为关键的组成部分。古老的象棋在军事上还在延续新的辉煌。

抖空竹

遗产历史：600多年

遗产传承人：张国良

入选情况：第一批国家级非物质文化遗产名录（2006年）

申报地区或单位：北京市宣武区（今西城区）

抖空竹的场景

在公园里、操场上，数名抖空竹爱好者，将小小的空竹上下舞动，顿时“嗡嗡”声不绝于耳。只见他们两手轻轻地提起来，向外拉，抖起来，反复盘旋，抛出去，然后又顺势接回来，同时两腿不停地走动、跳、弯和蹬。他们还不时穿插“鲤鱼跳龙门”“下捞月”“上捞月”“天地一杆秤”等花样表演，你是不是瞬间就被这项运动吸引了？

抖空竹的由来

抖空竹虽然比不上历史悠久的围棋和象棋，但是在我国已有几百年的历史了。明代《帝京景物略》一书中就有关于空竹玩法和制作方法的记述，明定陵亦有出土的文物为证，可见抖空竹在民间流行的历史至少有 600 年。

北京抖空竹历史悠久，群众基础稳定，技术技巧成熟完备，是抖空竹传承和发展最具代表性的地区之一。北京有专门的民间组织——北京玩具协会空竹专业委员会，目前已有近百名会员，其中既有抖空竹的能手，也有制作空竹的高手。

空竹，以竹木为材料制成，中空，因而得名。清代曾与空钟混称，俗称“响葫芦”，江南又称之为“扯铃”，以北京、天津所产的空竹最为著名。

空竹为圆盘状，中有木轴，用杆系线绳缠绕木轴拽拉抖动。空竹分为单轮和双轮两种：单轮是木轴一端为圆盘；双轮是木轴两端各有一圆盘。圆盘四周有哨口，以一个大哨口为低音孔，若干小哨口为高音孔，分为双响、4 响和 6 响，最高的有 36 响。拽拉抖动空竹时，各哨同时发音，高亢雄浑，犹如气势恢宏的大合唱。空竹停转了，还余音缭绕。

抖空竹的玩法

抖空竹的玩法很简单，并不难学。把线往空竹的木轴上绕一圈，然后轻轻地抖起来，越抖越有劲。下面就让我们熟悉一下它的玩法吧。

1. 空竹分为两种，一种是双轮的，另一种是单轮的。一般初学者从双轮开始学起。

2. 空竹一般由杆子、空竹线和空竹 3 部分组成，拿到后一般要自己绕线。

3. 抖空竹是有起式的，用线套住空竹后，把空竹放在你的右侧。此时通过杆带动空竹往前一段距离，然后提起开抖，空竹就上下转动起来了。

空竹

抖空竹起式

4. 注意是以右手向上提动为主，左手只是配合，多抖几次就可以了。线要经常换，因为来来回回抖动，线磨损比较大。此外，练习抖空竹，耐心是必不可少的。

抖空竹器具——空竹、杆子、空竹线

抖空竹的花样

抖空竹的技术技巧在继承中又有创新，如“蚂蚁上树”“金鸡上架”“翻山越岭”“织女纺线”“夜观银河”“二郎担山”“抬头望月”“鲤鱼摆尾”“童子拜月”“鹞子翻身”“彩云追月”“海底捞月”“青云直上”等，种类繁多、动作各异，令人眼花缭乱、目不暇接。

其中“蚂蚁上树”最精彩。表演者将长绳一端系于树梢，另一端手持。另有一人抖动一只空竹，迅速将飞转的空竹抛向长绳。持绳者用力拉动长绳，将空竹抖向五六十米高的空中。待空竹落下时，抖空竹者将其顺势稳稳接住，令观者惊叹不已。熟练后，可做平盘、高盘、侧盘、反盘、大盘和花样盘等各种花样。

要注意的是，抖空竹是靠四肢巧妙配合完成的运动项目，讲究配合，眼睛始终不离空竹。

抖空竹的特色

要想学好抖空竹，就要熟悉身法。人体分为上、中、下三盘：上盘包括头、颈；中盘包括肩、胸、腹，即躯干；下盘是从胯到脚的部位。在上、中、下三盘的身法中，包含虚领提顶、松肩坠肘、含胸拔背、收腹塌腰、松腰养气、收臀抽胯、裹裆收气 7 项要求。

由此可见，抖空竹身法的变化随空竹的变化而变化。

抖空竹的意义

抖空竹是集娱乐、游戏、健身、竞技和表演于一身的民间游艺活动，深受大众喜爱。

当双手握杆抖动空竹做各种花样时，上肢的肩关节、肘关节、腕关节，下肢的胯关节、膝关节、踝关节，加之颈椎、腰椎都在不同程度地运动着，非常有助于人们的身体健康。

天桥中幡

遗产历史：1800年

遗产传承人：傅文刚

入选情况：第一批国家级非物质文化遗产名录（2006年）

申报地区或单位：北京市

天桥中幡的由来

中幡是旗帜的一种，尺寸有长有短。它装饰华丽，既具有仪仗特色，又可用于比赛力量。

天桥中幡起源于晋代，距今已有上千年的历史。

原来耍中幡是在行军或打猎休息时，旗手们为给皇上解闷，舞动大旗以博皇上欢心，同时鼓舞三军斗志。后来，幡旗常常用于仪仗活动，其形制壮丽，标旗清晰。旗手舞弄幡旗，尽显勇武与智慧，因此中幡曾是清代朝佛、庆典等走会活动的必备项目。走会时各个团体都有自己的标旗，竞相亮出高招绝技，逐渐形成颇具特色的杂技节目。中幡起源于皇室仪仗队的旗幡，在晋代皇家表演后，逐渐变成民间庙会中的表演节目。

清乾隆年间，中幡会属于镶黄旗佐领管辖，属内八档会之一，且受过皇帝册封。同时，它又是一项古老的传统民间艺术，体现了老北京传统文化。如果说天桥跤艺是老天桥文化的一大特色，那么天桥中幡则是老天桥文化不可或缺的一部分。

北京皮影——耍中幡

耍中幡、舞中幡是中国地方民间传统杂技项目，北京天桥中幡表演最为有名，最具有代表性。清康熙年间，天桥出现了市场的雏形，清末至民国初年天桥市场发展很快，各种曲艺杂耍遍布其中。尤以中幡、撂地摔跤等表演最受人们欢迎，主要有沈三、宝三和张狗子等艺人率众表演。

王小辫收徒

对中幡发展起重要作用的当数王小辫。

京城王小辫（1893—1947 年），河北省饶阳县王家庄民间艺人。他耍的中幡，竿长两丈五（1 丈≈ 3.33 米），竿头上安着 3 把伞。竿子中间绑着一个长方形木架，架上挂着十几个铜铃，下面挂着一条宽三尺（1 尺≈ 0.33 米）、长一丈八的红布幡面，幡面上横书“京城王小辫”，竖写“以武会友，晃动乾坤”。王小辫耍起中幡来，既惊险好看，又悦耳动听。他的绝活是“鼻剑”，即用鼻子接住从高空落下的中幡，这对观众来说非常震撼。因为中幡有一定重量，从高空落下时，重量就加大了，这对表演者来说是非常危险的。真可谓艺高人胆大。

王小辫首演于京城，与跤场共用一块场地，深受观众的喜爱。可是，他不善于表达，表演后羞于向观众要钱，因此每天收入不多，只能维持生活。

同一场地表演摔跤的宝三等人摔完跤以后，闲着没事就请王小辫教他们练习中幡。王小辫打破技艺不外传的传统，教他们耍中幡，而宝三利用自己的声望帮王小辫向观众要钱。宝三等人的义务加盟，让王小辫的收入渐渐增加了。这样，他就更加卖力教宝三耍中幡的技艺。

不久，宝三就能扶住中幡，将幡递给王小辫，又练了两手简单的动作。出于互相信任，宝三欲拜王小辫为师，王小辫也

耍中幡的天桥艺人——王小辫

有意收宝三为徒，传承这门技艺，经别的艺人撮合，一拍即成。

几年的工夫，宝三已将王小辫耍中幡的技艺全部掌握，还根据个人特点创编了“老虎大撅尾”“秦王倒立碑”“浪子踢球”3个高难度动作，大大发展与丰富了中幡的表演项目，提高了中幡的精彩程度。

天桥中幡的表演特色

天桥中幡的主干是一根 10 米多长的竹竿，竿顶悬挂着一面 0.5 米宽、5.5 米长的长条锦旗，也称标旗。旗的正面绣着诸如“万寿无疆”之类的祝福语和吉祥图案，反面绣着表演团体的名称。考究的中幡竿顶上还有一层乃至数层由彩釉、锦缎、响铃、小旗和流苏组成的圆形装饰物，被称为“璎珞宝盖”。舞起来不仅五彩缤纷，而且能发出悦耳的声音。

天桥中幡表演要求稳、准、快，手眼配合一致。表演者用手或身体其他部位触碰幡旗，并始终幡不离身，竿不落地。

在表演时，表演者用手心、手背、肩膀、额头和下巴等部位分别完成手托、小臂托、肘托、肩膀托、额头托、下巴颏儿托等动作，不断晃动、抛起、落下。中幡表演以扔得高，立得稳为准则。表演者或顶幡上额，或伸臂托塔，惊险动作连连，但始终幡不离身，竿不落地。10 余米高、几十斤（1 斤 =500 克）重的中幡在表演者的手中、肩上、脑门儿、下巴和项、背等处上下飞舞、交替腾挪。表演中，幡面彩绸迎风招展，幡顶铜铃叮咚作响。

天桥中幡表演时，表演者将竿竖起托在手中舞出许多花样，这些花样各有形象的名称：将竿子抛起用脑门儿接住为“霸王举鼎”，单腿支撑地面用单手托住为“金鸡独立”，此外还有“龙抬头”“老虎大撅尾”“封侯挂印”“苏秦背剑”“太公钓鱼”“擎一柱”等花样。

舞毕，需保持中幡直立不倒，还要高高抛起，稳稳接住，动用身体的各个部位轮换作为支撑点，这样才算精彩结束。

从技艺角度来说，天桥中幡的技艺包括手法和腿法，不仅练人的胆量、力量和技巧，还需要学习者文武兼备。此外，中国式摔跤、气功等技艺也是学习者学习耍中幡的基础。

天桥摔跤

遗产历史：100多年

遗产传承人：傅文刚

入选情况：第二批国家级非物质文化遗产名录（2008年）

申报地区或单位：北京市宣武区（今西城区）

天桥文化

站在现代高楼大厦与古老民居混搭的天桥，你是否还能辨认出被大厦和大杂院湮灭了的明、清和民国时期的民居样貌、名人故居？是否能品出曾经弥漫着满满京味儿的小吃？是否能想象出老北京天桥曾经的繁华景象？

天桥最早建于元代，南北方向，两边有汉白玉栏杆。桥北边，东西各有一个亭子，桥身很高，桥下为由西向东的龙须沟。在明、清两代，天桥是皇帝祭天坛，经过先农坛时的必经之路。皇帝是天子，天子路过的桥就顺理成章为天桥了。

老北京天桥繁华景象

天桥因皇帝路过而闻名，于是促进了天桥附近市场的兴起，继而繁荣发展起来。这一市场是面向平民大众的，集文化娱乐和商业服务于一体，又逐渐形成了独特的天桥平民文化。逛天桥的人，一方面是想买点日用百货，另一方面是想品尝一下物美价廉的风味小吃，还有一个目的，就是观赏各种民间艺术。

天桥文化中的主角无疑是天桥艺人。这些艺人来源复杂，有落魄的旗人后代，也有京津一带进城谋生的难民，还有下海走穴的伶人，后来又吸引了一些著名的京剧演员和相声演员。他们和天桥的商人、饮食业者，以及来此娱乐消费的人们，共同创造了近代的天桥文化。

天桥“八大怪”

说起天桥文化，不能不提到天桥“八大怪”。

天桥“八大怪”有个演绎的过程。从早期活动于清朝末期的穷不怕、醋溺膏、韩麻子、盆秃子、田瘸子、丑孙子、鼻嗡子和常傻子；到中期活动于民国初期让蛤蟆教书的怪老头儿、老云里飞、花狗熊、耍金钟的（姓名不详）、傻王、唱数来宝的曹麻子、耍中幡的王小辫和耍狗熊顶碗的程傻子；再到活动于二十世纪三四十年代的云里飞、大金牙、焦德海、大兵黄、沈三、蹭油的崔巴儿、拐子顶砖和赛活驴等。他们或身怀绝技、技艺超群，或相貌奇特、言行怪异，给市民留下极为深刻的印象。

我们现在就来认识一下能让蛤蟆教书的怪老头儿，看看他

天桥“八大怪”之一——常傻子

怪在何处。

此人是位瘦弱的老头儿，黄胡子，黄眼睛，尖下巴，穿着长袍，很斯文，像个旧社会的账房先生。他上场时要带一大一小两个罐子、一个细颈瓶子和一块木板等道具。

开场了，他先把木板平铺在地上，将大罐子的口打开，嘴里叨念着：“上课了，先生上讲台！”这时，从罐子里爬出一只大蛤蟆，跳到板上蹲在中间，俨然是老师上了讲台。

然后，他把小罐子的口打开，嘴里喊道：“先生都来了，学生怎么还不来上课啊？”这时从小罐子里陆续爬出 8 只小蛤蟆，跳到木板前，面对大蛤蟆排成两行蹲在那里。

等小蛤蟆蹲好，老头儿又喊：“老师该教学生念书了！”这时，大蛤蟆叫一声，小蛤蟆随着齐叫一声。就这么着，一叫一答，真跟教书似的。

天桥“八大怪”之一——赛活驴

此起彼伏叫了一阵，他大喊一声：“到时间了，该放学了！”只见小蛤蟆先起来，依次爬回小罐子里。大蛤蟆看见小蛤蟆都进罐子了，也慢悠悠起来跳进大罐子里。

老头儿收起罐子，又拿出细颈瓶打开盖子，嘴里说着：“快出来排队，上操啦！”这时，从瓶里爬出一大群黑、黄两色蚂蚁。他一边喊着排好队，下达立正、看齐的口令，一边用手撒些小米。只见混在一起的黑、黄两色蚂蚁，依照颜色排成两队，绝不混杂。

待蚂蚁排好队后，他又下口令：“收操啦！”蚂蚁立刻爬回瓶中。我们时常看见驯兽、驯鸟，老头儿却把蛤蟆、蚂蚁驯得这样服服帖帖的，可见他成为“八大怪”之一并非浪得虚名。

天桥摔跤

说到天桥文化，就不得不提天桥摔跤，它是天桥文化不可或缺的一部分。

当时，那些欣赏天桥摔跤的大人们哼着京剧优哉游哉来逛，小孩儿吃着冰糖葫芦慢慢走来。来到天桥后，他们会先看见“撂地”。所谓“撂地”就是用石灰在地上画个白圈儿，作为演出场子，行话叫“画锅”。锅是做饭用的，画了锅，有了个场子，艺人就有碗饭吃了。

“嘡——嘡——”一个艺人边绕场敲锣，边喋喋不休地说着什么。原来开场前，艺人们照例先造造声势，招揽观众，聚聚人气，再来表演。

老天桥摔跤艺人

只见一个艺人上身穿着“褡裢”（为数层粗白布衲成的半袖、无领、露胸的跤衣），腰间用骆驼绒绳系紧，下身穿深色中式灯笼裤，足蹬刀螂肚的薄底靴。据说“褡裢”是清朝“善扑营”传下来的标准运动服，“善扑营”原来是蒙古族侵入燕京后建立的摔跤营地。到“善扑营”观看摔跤的人多了，摔跤便在民间广泛地流传起来，成为群众性的体育活动。

摔跤作为一种竞技体育运动，具有对抗性，而天桥摔跤有别于一般的摔跤。它是说说练练、虚实结合的表演赛，既有动作功夫，也有口头趣味，动静结合，观赏性很强。

天桥摔跤的传承

天桥摔跤是“散手跤”，它注重表演的美感，更具观赏性。天桥摔跤把中国跤术升华到“武相声”的艺术境界，使中国跤术从单纯的竞技发展到另一个艺术分支。

新中国成立后，天桥宝三跤场在宝三先生的执掌下，摔跤第二代传人陈金权、马贵宝、傅顺禄和徐茂等人个个身怀绝技，轮流上场献艺。宝三先生把单一摔跤表演逐渐演变成艺术摔跤，同时吸收了相声表演的艺术形式，摔跤表演翻打跌扑精彩激烈，解说语言丰富、滑稽幽默，吸引了大批观众。每天开场前座无虚席，人们争相观看。后来，由于相声从跤艺中分离出去，变成了高雅的室内艺术，分流了一部分观众。剩下的摔跤项目由于场地、天气等因素影响，观众也越来越少。

摔跤是一项体力活，老一辈摔跤名家由于年龄的关系，不能继续上台表演。天桥摔跤后继乏人，加上没有固定的练功和演出场地，市场模式化运作困难，渐渐走向衰落。

希望有关部门和摔跤爱好者共同撑起北京天桥摔跤的一片蓝天。

吴氏太极拳

遗产历史：150多年

遗产传承人：李秉慈

入选情况：第四批国家级非物质文化遗产代表性项目名录（2014年）

申报地区或单位：北京市大兴区

吴氏太极拳的起源

北京大兴人吴全佑经过多年精心苦练，吸收杨氏太极拳杨露禅、杨班侯父子大架和小架之精华，在杨氏太极拳的基础上，创立了一套被人称为中架式的太极拳，这是吴氏太极拳最早的雏形。后经其子吴鉴泉数十年融合与拓展，形成了一种以柔化为主、拳架紧凑、拳法细腻、轻灵圆活的新拳架，这就是吴氏太极拳。

1912 年，吴鉴泉在北京体育研究社教授太极拳，从那时起他对家传的太极拳加以充实和修改，去掉重复和跳跃动作，使拳架更加柔化，形成吴氏太极拳流派。

吴氏太极拳派别

吴氏太极拳是中华传统拳术之一，以柔化著称，架子斜中寓正、松静自然、大小适中。推手时，守静而不妄动，以善化见长。

吴氏太极拳分南北两派：南派为吴鉴泉宗师传承，其传人主要有吴公藻、吴英华和马岳梁等；北派为王茂斋宗师传承，其传人主要有王杰和王偶等，再传给赵安祥、李经梧、王培生、修良、修占和战波等。修良、修占又传给修淑玉、崔钰臣和周旭林等。北派吴氏太极拳向南传播的还有吴图南系的莫韫龙（莫斐之子），莫斐为吴图南 20 世纪 30 年代弟子。

吴氏太极拳的五字诀

练习吴氏太极拳要注意以下几点：

静：思想要高度集中，不能有杂念。

轻：太极拳中的“轻”，不能用单纯不用力来解释，轻是相对于重而言的。轻就是不能用爆发力。

慢：练太极拳要慢，但不是停顿。慢是相对快而言的，慢的原则是要求“贯串”，不能断开。

切：认真的意思。练太极拳需要切切实实地下功夫，不可草率行事，无论哪个招式，都要做到准确。

恒：定时。首先要做到持之以恒，无论是严寒或酷暑，都不能间断。其次是定量，根据个人时间和体质，制定相应的运动时间和运动量。时间与运动量均需逐步加强，才能逐渐提高水平。

静、轻、慢、切、恒 5 个方面是相互制约、相辅相成的。在练太极拳时，只能并存，不能偏废。

吴氏太极拳的影响

王茂斋（1862—1940 年），山东省莱州市大武官村人。他是吴氏太极拳宗师吴鉴泉的师兄，威望极高。王茂斋对吴氏太极拳的形成有重要影响。

吴氏太极拳已经成为中国六大太极拳流派之一，流传很广。其拳社已发展到我国的香港和澳门地区，以及新加坡、菲律宾、加拿大等国家，联合国也有太极拳俱乐部教授吴氏太极拳。

八卦掌

遗产历史：100多年

遗产传承人：孙志均

入选情况：第三批国家级非物质文化遗产名录（2011年）

申报地区或单位：北京市西城区

八卦掌的由来

电影《武林志》中有这样的镜头：

一个自称周游46国未败一场的俄国大力士达德洛夫到天津打擂比武，绿宝石洋行的保镖牛武带领乐队，抬着大力士击败另一个拳师的巨幅广告画招摇过市。何大海砸烂了广告画，痛打牛武，并宣称要上擂台与大力士达德洛夫较量。

第一次打擂，何大海大胜达德洛夫的助手毕契卡。何大海主动让贤，请东方旭担任神州武术馆馆长，东方旭慨然应允。东方旭来到武馆，劝阻了去砸洋行的众徒，把牛武抓送警察厅。但在厅长段耀宗与买办梁守仁相互勾结之下，牛武被释放了。

牛武再到武馆叫战，东方旭毅然应战，签订了打擂的生死文书。洋行经理图拉也夫与达德洛夫策划阴谋，抢走了东方旭的女儿玉蓉。东方旭忍受着伤臂失女的痛苦，用八卦掌战胜了达德洛夫。

“八卦”最早见于《周易》：“两仪生四象，四象生八卦。”八卦原指八个方位，即北、南、东、西、西北、西南、东北和东南。八卦掌以掌法为主，其基本内容是八掌，合于八卦之数；在行拳时，要求摆扣步走圆形，将八个方位全都走到，而不像一般拳术那样，或来去一条线，或走四角，所以被称为“八卦掌”。

八卦掌，又称游身八卦掌、八卦连环掌，是一种以掌法变换和行步走转为主的中国传统拳术，是中国传统武术中的著名拳种之一，流传很广。

八卦掌套路

八卦掌有单练、对练和散打等形式。根据老拳谱记载，八卦掌拳系尚有十八罗汉手、七十二暗脚和七十二截腿，但很少传世。

八卦系统的器械有日月乾坤剑、八卦刀、八卦棍、八卦枪、春秋刀、战身枪、连环剑、连环纯阳剑、连环蟠龙棍、五行棒和昆仑铲等。练法体现了随走随变、械随身走、身随步换和势势相连的特点。另外，还有鸳鸯钺、鸡爪锐、风火轮和判官笔等短小的双器械，这在其他拳种中较为少见。八卦掌有利于训练人的耐力、速度和柔韧性，对下肢力量的锻炼效果尤为突出。

八卦掌的技法

八卦掌以八大桩法为转掌功，又集八大圈手于一体，下配1～8步的摆、扣，以顺步法为基础，以绕圈走转为基本运动路线，以掌法为核心，在走转中全身一致，步法似行云流水一般。

八卦掌是集强身健体和技击功能于一体的拳术，是八卦掌拳术的创始人董海川先师将武功及内功融为一体，博采众长，加上自己丰富的经验而独创的。

八卦掌以沿圈走转和“蹚泥步、剪子腿、稳如坐轿”，扣掰转换及避正打斜等为运动形式。它的技法以实战为主，同时在强身健体、治病延年、内功、技击等方面有明显的效果，尤其在内功方面，表现更为突出。

八卦掌注重身法的灵活性，要求练功者在不断走圈中，改变敌我之间的距离及方向，伺机进攻；出手讲究随机应变，发

太极八卦图

挥掌比拳和勾灵活多变的特性。

八卦掌的动作要求顺颈提顶，松肩垂肘，畅胸实腹，立腰溜臀，缩胯合膝，十趾抓地。八卦掌以滚钻争裹、奇正相生、走转拧翻、身随步走、掌随身变、行走如龙、回转若猴、换势似鹰、威猛如虎、以曲刹直、以动扰静、以静刹动为修炼原则。

八卦掌的技击原则

八卦掌以掌为法，以走为用，融踢、打、摔、拿为一体，循循相生，无有穷尽。避正打斜，顺势顺劲，虚实莫测，脱身化影。柔则绵里藏针，沾粘随化；刚则冷弹崩炸，迅如闪电惊雷。

八卦掌练功者从行步入手，内功为基，正形、通气、懂劲、熟技、明变。以八大掌为母掌，演化出不同风格的实用掌法和套路。八卦掌的器械种类很多，尤以八卦刀最为著名。

八卦掌是中国著名的三大内家拳之一，在国内各地广为流传，也为国际友人所喜爱。

八卦掌的传承

八卦掌是中国流传很广的传统拳术，是内家拳三大名拳之一，也是道家养生、健身、防身的一种拳术。

八卦掌为河北省廊坊市文安县朱家务村人董海川所创。据传，八卦掌是他在江南游历时得到道家修炼的启示，结合武术加以整理而成的。

八卦掌有五大流派，主要传人有尹福、程廷华、史纪栋、樊志涌和刘德宽等。

通背拳

遗产历史：100多年

遗产传承人：钟宝义

入选情况：第四批国家级非物质文化遗产代表性项目名录(2014年)

申报地区或单位：北京市西城区

通背拳的由来

中国传统拳种流派众多，起源不一，流传于京津一带的通背拳，相传为清末时河北省廊坊市霸州人祁信所创。

祁家本以杆法见长，遇见河南人马先生精于拳技，便以杆法换学拳技；后遇见擅长刀法的赵先生，又用杆法与刀法互换，形成了祁门特有的“十二连杆”法、“八步十三”法和“一百零八单操手”法，于是祁家通背拳开始扬名于江湖。

通背拳的特点

祁家通背拳第六代传人季玉林先生认为：兵器是手的延长，一丈多长的大杆不同于枪，属于马上武艺。杆法始于冷兵器时代的长矛作战技术，操练时手的把位异于小花枪的“叠拿”持枪，讲究“后屯把”，即后手不握杆梢，离杆梢一肘远。若在陆地上操练，即会失去原本真实技击的含义，况且随着时代的进步，已经没有实用价值，无须保留。而刀法是单手兵器，其中很多单操的刀点，可以保留，稍加训练，学习的人可以随意用任何物体代替兵器，形成器械技击。因此从表面上看，是舍弃了刀枪，而实际上是扩大了器械的范围。不仅限于刀枪，使学习的人能够得到意想不到的器械技击技能，并使祁家通背拳与时俱进，而且不失武林先辈之本意。

小连手是祁家通背拳技击的核心训练方式，历经几代人不断发展，到近代形成了科学系统的方法，是区别于其他拳种的重要标志。它具有强烈的随机性和不可重复性，并且招法严谨，符合技击规律。通背拳，外行人看起来眼花缭乱，变幻莫测；而内行人看起来，则醒豁有度，身步有章，举手投足无不契机，理之深妙不可尽言，属于武林中难得之技艺。

通背拳劲法概述

通背拳劲法以“两臂相通”的通臂劲而著称，要求臂由松肩发出，通过裹肘，以成通臂之势。另外，前手尖、前脚尖、鼻子尖，必须对正在一条线上，即所谓“三尖正”。其实，这种要求在其他拳术（如八极拳等）中也同样强调。不过，对祁家通背拳来说，它是劲法形成的关键，而非仅仅是规范姿势的要求。拳谱中对于劲法的要求有 20 个字：冷弹脆快硬，沉长活柔巧，重猛轻灵抖，涵虚粘连随。在单操手中，要求达到各种功力，特别是以“抖翎劲”为中拳和拍掌等主要招法的劲势。

练习时，有击响声是祁家通背拳的操手特点。老师通过辨别声音就可以判断学生劲法的对错，以便加以辅导。另外，所谓“寸劲”，在祁家通背拳属于基本功的训练范畴，单操手时，必须练出来。

在技击中讲究沾衣发劲，不提倡使用拙力，而且劲法集中，沉长冷脆。

通背拳的流派

祁信之子祁太昌跟父亲学习数十载后武艺精通，从此有了老少祁派之分。老祁派动作大劈，大开大合，刚多柔少；少祁派以祁太昌为代表，动作细腻，以柔为主，刚柔相济，变化多端。

目前，流传的通背拳大致可分两大派：一支以祁信、陈庆、王占春、张策为一大派；另一支以祁太昌、许天和、修剑痴为一大派。

傅氏幻术

遗产历史：100多年

遗产传承人：傅腾龙

入选情况：第四批国家级非物质文化遗产代表性项目名录(2014年)

申报地区或单位：北京市朝阳区

什么是傅氏幻术

幻术是中国古代对魔术的称呼，民间称之为“变戏法”。西周时期，幻术已在我国出现。到了汉朝，幻术表演已经十分成熟。《聊斋志异》中的名篇《种梨》的创意就来自幻术。

傅氏幻术起源于20世纪初，创始人傅志清曾从日本学习魔术技巧，结合中国传统幻术，创造了傅氏幻术的雏形。

傅氏幻术是融合了古代幻术和外来魔术的一种魔术，是中国民间魔术的代表，2014年被评为国家级非物质文化遗产代表性项目。

傅氏幻术坚持传承与创新并重，每一代传承人都有各自独创的特色；同时坚持理论与实践并重。目前已有《中国杂技史》《中国的魔术》等专业书籍出版。

傅氏幻术的传承人

傅氏幻术的传承人是傅腾龙，他是国家一级演员、著名魔术表演艺术家、中国魔术师协会副会长，被誉为“中国魔王”。他是一位集表演、设计和理论研究于一身的国际魔术大师，闻名海内外。

1943 年，傅腾龙出生在四川的一个魔术世家。其祖父傅志清是中国春柳社创始人之一，留日回国后带回了东洋魔术。他的父亲傅天正是大学教授，不但精通中国文学和法律，而且还是二十世纪三四十年代中国“四大魔王”之一。他的叔父傅天奇也是中国魔术界的老前辈。他的姐姐傅起凤是专门从事研究杂技和魔术的理论家。他的儿子傅琰东毕业于上海华东师范大学国际金融系，截至到 2013 年 8 月是国内学历最高的青年魔术师。傅氏家族已有百年的魔术表演历史，傅腾龙本人活跃在魔术舞台已达 40 余年之久。

他的代表作品有《书画幻术》《心灵感应》《壁虎神功》等。他不仅能表演魔术、创造新魔术，而且对杂技、魔术的理论也很有研究，这在国内可谓首屈一指。

由于傅腾龙学术成就斐然，国家指派他率领中国魔术家代表团，参加1989年在保加利亚举行的欧洲十六国魔术大赛。他担任了国际评委，并实现了中国魔术在国际大赛中金牌零的突破。1998年中央电视台春节联欢晚会，他与徐秋等表演了魔术《换人》。

一举成名

傅腾龙第一次登台表演纯属偶然。

一次，他的姐姐跟着父亲准备表演一个《人变羊》的魔术：姐姐钻进一个道具箱后，父亲打开盖子，姐姐却变成了小羊。

就在表演前，他的姐姐突然病倒了。父亲十分着急，怎么办呢？救场如救火。一旁的小腾龙对父亲说让他试试。可是父亲犹豫了，因为小腾龙从没有接受过这样的专业训练。父亲知道箱内有机关暗道变化，身体要有一定的柔韧性并经过训练，才能完成这个高难度的动作。可是时间来不及了，父亲只好硬着头皮让小腾龙试试。上台前，母亲还特意把他打扮成像姐姐一样的小姑娘。结果表演很成功！台下的观众谁也没想到这位神奇的“小姑娘”，其实是男扮女装。

自从傅腾龙登上魔术舞台的那一天起，许许多多的夜晚他都是在苦思冥想中度过的。几十年来，他发明创造了百余种新魔术，多次参加中央电视台的春节联欢晚会。

傅琰东的传奇

傅琰东生于1975年，为傅氏幻术第四代传人。他自幼研习魔术，目前为美国IBM魔术师协会会员、中国魔术师协会理事。

他擅长表演大型魔术，参加过央视1995年春节联欢晚会、1996年春节联欢晚会、1998年春节联欢晚会、2000年春节联欢晚会、2000年元宵晚会、2002年元宵晚会、2003年春节联欢晚会、2003年元宵晚会、2005年春节联欢晚会、2011年春节联欢晚会、2013年元宵晚会和2017年春节联欢晚会。

傅琰东还先后12次担任央视《综艺大观》魔术主演，5次参加央视《欢乐中国行》的魔术表演，又在《大魔术师》中担任导师，是近年来荣登央视舞台最多的魔术师。

八极拳

遗产历史：200多年

遗产传承人：鲍有声

入选情况：第五批国家级非物质文化遗产代表性项目名录(2021年)

申报地区或单位：北京市朝阳区

“八极”的含义

八极拳是中国武术中的一种拳法。该拳法的“八极”原为古地理概念，出自汉《淮南子·地形训》“天地之间，九州八极”。后来，“八极”一词用于武术，取意为“发劲可达四面八方极远之处”。

八极拳的起源

关于八极拳的起源，至今说法不一。一说是康熙年间由河南焦作月山寺（一作岳山寺）传出，故又名“岳山八极拳”；一说系一道士传授河北庆云回族人吴钟（亦称吴忠）。虽然没有确切的资料证明，但中华文化，尤其是武术，基本上都是师父口传心授的。

八极拳介绍

八极拳，中国拳术名称。其动作朴实简捷，刚猛脆烈，多震脚发劲的动作。

八极拳属于短打拳法，其动作普遍追求刚猛、朴实无华且发力迅猛。在技击手法上讲求寸截寸拿、硬打硬开，具有挨、帮、挤、靠、蹦、撼之特点。

八极拳发力于脚跟，行于腰际，贯手指尖，故爆发力极大，富有技击之特色，大有“晃膀撞天倒，跺脚震九州”之势。因此，中国传统武术界素有“文有太极安天下，武有八极定乾坤”之说。

八极拳以其刚劲、朴实、动作迅猛的独特风格流传至今，早年因地域不同而被称作“巴子拳”“八忌拳”“八技拳”“开门八极”“开拳”等。但近代根据其“发劲可达四面八方极远之处”的特点，以“八极”二字定名。

北方称武术为把式、八式。“八极”的意义在于勉励门内弟子要将八（把）式练到极高的境界。另外，八极拳的训练讲求头、肩、肘、手、胯、膝、足、尾8个部位的应用，所以用“八极”之名是要求本门弟子将这8个部位的功能发挥到极致。

八极拳历史悠久，经历代传人刻苦精研，别具一格，自成一家，代代涌现出诸多的武术名家，在武术界影响很大。

“神拳”王锡庆

王锡庆（1889—1962年）有“神拳”之美誉，是罗疃李氏八极拳的重要传人。他自幼习武，先拜李大忠之徒杜凤元为师。杜见其肯下苦功，即尽心教授。

王锡庆基本功十分扎实，一套八极架练了7年，才学其他拳、械、六开和八招之类。后经杜凤元介绍，他又拜李贵章为师，这使其技艺更上一层楼，日臻完善。

王锡庆好武几近痴迷，练起功来常常废寝忘食，致使种庄稼荒了地，养牲口饿死驴，只要说起“把式（此处指武术）”，就忘了要办的正事。去罗疃村学艺要走 9000 米路，他往返练着拳走，不仅日日如此，月月如此，而且年年如此，他的功夫之深可以想象。

王锡庆平时习武注重实用，反对华而不实，经典名言是：“我不管你名气多大，就是皇上的二大爷来了，咱们也得试试。”“宁让人打死，也不让人吓死。”他为师门惩治不义之人的故事，被传为武坛佳话。

老北京跤艺

遗产历史：100多年

遗产传承人：双德全

入选情况：第二批北京市级非物质文化遗产名录（2007年）

申报地区或单位：老北京跤艺民俗表演团

老北京摔跤

摔跤是一项古老的体育运动项目，作为中华民族传统的技击、娱乐活动，有着悠久的历史。

摔跤，古代称之为角力、争跤等。据记载，早在上古时期，人们为了生存，在同野兽和其他部族搏斗中，逐渐发明出摔跤的简单动作。到了周代，摔跤被列为正式体育项目，在军事训练中得到广泛应用。自秦汉以后，摔跤更从单一的军事训练发展成为民间的娱乐活动。后经唐、宋、元和明各朝代的演变，加上蒙、汉、满和藏式摔跤相互融合，到清代基本形成了现代中国式摔跤的雏形。

民国时期，北平（今北京）天桥、天津三不管地带和南京夫子庙等地是摔跤表演最为集中的场所。而天桥地区的老北京跤艺表演因具有地域和社会环境上的优势，发展较为顺利，特色鲜明。

要说摔跤，还得说老北京跤艺，那大有来头，它可是真正富有皇家血统的体育项目。因为老北京跤艺脱胎于“掼跤”，而掼跤又与清代“善扑营”的设置有关。

康熙皇帝拿鳌拜

“善扑营”的建立是从当年“康熙皇帝拿鳌拜”开始的。

传说当年顺治皇帝驾崩后，康熙继位。由于康熙皇帝年幼，朝中大权落入鳌拜之手。鳌拜飞扬跋扈，大有当年曹操“挟天子以令诸侯”之势。康熙皇帝非常生气，由于年少又羽翼未丰，他只能暗度陈仓：招集一批身强力壮的少年，每天同自己在御花园假装掼跤作乐。明为戏耍，暗地里却在练兵。鳌拜以为康熙皇帝只是个孩子，找几个玩伴玩玩而已，也未曾留意。几年过后，这些跤手皆已长大成人，个个体格健壮、武艺高强。此时，康熙皇帝已经羽翼丰满，一见时机成熟，便设计将众跤手埋伏在金銮殿内外、宝座周围，传旨意宣鳌拜进宫商议国是。鳌拜不知是计，大摇大摆走上金銮殿。

“拿下！”康熙皇帝一声令下，大魁从身后一脚放倒鳌拜，二魁上前擒拿住他，众跤手把鳌拜押到康熙皇帝面前。这时鳌拜还迷迷糊糊的，不知所以。

康熙皇帝半身像

“你怎么能这样对待一个老臣？”鳌拜委屈地问。“这些年，你欺我年少，大权独揽。”康熙皇帝拂过龙袍下摆，鄙视地说。“那你当年？”鳌拜疑惑地问。“你别忘了，君子报仇，十年不晚。”康熙皇帝说道。“是我小看你了。”鳌拜忽然求饶，“饶我一命，我会尽犬马之劳。”

“晚了！”紧接着，康熙皇帝颁布了鳌拜几十条罪状，但念他效力年久，最后判他终身监禁。从此，康熙皇帝拿鳌拜的故事名扬天下。而众跤手护主有功，被安排进了“东西两翼善扑营”，成了康熙皇帝的贴身护卫，后来“善扑营”就演变成一支清廷禁卫军。

清末“善扑营”的扑户

跤手的打扮

老北京跤艺的观赏性非常强，不光是摔跤本身，就连跤手的穿着打扮也是很特别的：上身光膀子穿一件用 11 层布衲成的褡裢，下身穿一条兜裆绲裤，还要扎着腿带子。腰系驼毛中心带，脚蹬刀螂肚的靴子。

顺便说下摔跤的形式，过去的摔跤分“尖”“腥”两种。所谓“尖”就是跤手们相互真摔，使出的是真功夫；“腥”就是假摔，属于表演跤，摔出来既脆，又帅，还漂亮，非常具有观赏性。

老北京跤艺的技法

“掼跤”在技法上讲究20字诀：踢、抽、盘、肘、卧、抻、撤、闪、拧、空、蹦、拱、排、滑、套、扒、拿、里、倒、勾。而在这里面又细分为手别子、拱别子、揣别子、温别子、反别子、撩勾子、抹脖切手、跨奔儿、扒拿儿、穿腿、穿裆靠、大嚼合勒、小嚼合勒（又叫“跪腿儿嚼合勒”），还有里手花、大背胯、抱腰、搓窝儿和砸等。讲究的是大绊子三十六，小绊子赛牛毛。其练功的器具则分为沙袋、石锁、磨盘、木桩、滚轴、滑车儿、地撑儿和锁链子等，都是硬家伙。由此看来，吃不得苦的人，也不会得到真功夫。

老北京跤艺一般都是在明地（摔跤卖艺的场地）上摔，为的是挣钱。如果有年老且德高望重的跤手上场，年轻的跤手就得让着年老的跤手，假装自己输了。其原因有二：一是为了显示年老跤手的精湛技艺和英雄不减当年勇的气概；二是为了防止年轻的跤手失手造成年老跤手受伤而不好交代，因为年老跤手是跤场的台柱子，损失不起。

老北京跤艺的代表人物

老北京跤艺的代表人物要数双德全。说起他的摔跤生涯还真有些与众不同。1957 年，爱好摔跤的他正式拜著名跤手王茂林为师，虽然拜了师，但他并没有成为一名职业摔跤手，而是到北京拖拉机厂当了一名工人，只利用业余时间练习摔跤。到了周末，他就参加东长安街、西单、什刹海、宣武和朝阳等体育场的各种摔跤比赛。短短几年时间里，他便开始在区级、市级的各类比赛中频频获奖，成为远近闻名的摔跤王。

双德全和其弟双德禄创建的跤场，是北京现存创办最早、规模最大，且传承脉络较为清晰的一家民间跤场。

老北京跤艺的价值

老北京跤艺表演承袭了我国传统摔跤的特点，历经一系列社会变革后仍能保持其原有的技击、表演的传统特色。对研究我国礼仪娱乐、民族习俗和竞技体育等有很高的价值，对于保护和传承中国传统民俗、历史文化和民族精神等有着非常重要的作用。

帽山满族二魁摔跤

遗产历史：100多年

遗产传承人：彭明术

入选情况：第一批北京市级非物质文化遗产名录（2006年）

申报地区或单位：北京市怀柔区喇叭沟门满族乡政府

二魁摔跤的由来

摔跤一般都是在两个人之间进行的，你见过自己跟自己摔跤的场面吗？下面要讲的北京市怀柔区喇叭沟门满族乡帽山村二魁摔跤，就是自己跟自己摔跤的。

喇叭沟门满族乡位于怀柔区最北边，这里居住的满族人是康熙皇帝的后人，他们为了颂扬祖上的圣明，将二魁擒拿鳌拜的场面衍化成“二魁摔跤”这一民间表演形式。

处于偏僻山区的喇叭沟门人，农闲时便开展这种自娱自乐

二魁摔跤手工泥塑（一）

的活动，每年在欢庆春节期间，二魁摔跤表演特别盛行。

二魁摔跤距今已有百余年的历史。该项目既是满族特有的民间体育活动，又是满族民间花会中必不可少的表演形式。

二魁摔跤的特点

二魁摔跤是一项集体力、智力、灵敏性于一体的娱乐活动。

说二魁摔跤是体力活动，是因为表演者要一个人扮演两个角色。表演者身背一个内部用竹片制成的木架，上面安装两个可以活动的穿满族服饰呈摔跤状的人形道具，两只手、两只脚都穿上靴子，分别作为两个满族人的双脚。然后表演者使出各种技法，使人形道具做出各种滑稽、幽默且逼真的摔跤动作。从事这项活动的人需要有足够大的力气，才能协调道具的摔跤动作。

说它是智力活动，是因为表演时，表演者背驮二魁摔跤道具，通过表演者腿、背、臂等综合动作，天衣无缝地表演出两个人的摔跤动作，让观众看到二魁在摔跤的热闹场面，否

二魁摔跤手工泥塑（二）

则会露馅儿出洋相。这就需要表演者有一定的智慧，四肢要配合好。

说它是灵敏性很强的活动，是因为表演者指挥一个道具按照自己的节奏来表演，他既要考虑自己如何表演，又要照顾到道具的表演，必须反应灵敏，才能胜任一人演两角的摔跤表演。

二魁摔跤的动作有上场时翻跟头、支架子、互抡、较劲、扫堂腿、下绊子、撅腰和就地十八滚等，这些动作在表演中可以重复使用。在表演中可使用“长锤”、“急急风”和“串子”等锣鼓经。

二魁摔跤的价值和现状

二魁摔跤是满族群众自娱自乐的活动之一，它既保留了满族民间文化艺术及民间体育文化的原生态，传承了满族民间传统的表演形式，又是北京地区具有满族特色的传统民间文化，是研究北京地区满族历史及其现状的重要材料。另外，它也是满族民俗学研究中的重要一项。

中华人民共和国成立前后，帽山村每年春节花会或有庆典活动，二魁摔跤都要登场表演。后来中断过一段时间。2000 年，由帽山村委会组织，二魁摔跤再度恢复。

南窖水峪中幡

遗产历史：600多年

遗产传承人：王延福

入选情况：第二批北京市级非物质文化遗产名录（2007年）

申报地区或单位：北京市房山区南窖乡政府

幡的类别

幡按照大小分为硕幡、中幡和小幡。硕幡比较高，一般在12米以上；中幡一般在9米左右，多数表演者选用的都是中幡；小幡是在小场地上表演用的幡，比如在剧场和茶馆等。

早期的耍中幡有幢幡、担幡的叫法。在清朝中期，北海公园里冬天有“担幡滑冰”的表演，就是表演者一边滑冰，一边顶着中幡，做出各种惊险的表演动作。

中幡的主干是一根10米多长的竹竿，竿顶悬挂一面宽0.5

耍中幡道具

米、长 5.5 米的长条锦旗，旗的正面绣有祝福语和吉祥图案，反面绣上表演团体的名称，因此又称标旗。中幡净重 30 多斤，它下粗上细，由两根竹竿拼成，竹竿的大小、柔韧性也有讲究。一筒中幡加工成成品大约需要 4 年时间，其制作加工技艺仍属祖传，不传外人。

女子耍中幡的由来

我们知道耍中幡一般都是男子的绝活儿，因为中幡几十斤重，耍中幡要做各种动作，是个很辛苦的体力活儿。但是也有女子耍中幡的，它出现在北京市房山区水峪村。

水峪村为房山区南窖乡的行政村之一，建村历史可追溯到元末明初。村中有五大姓氏，祖源来自山西移民。相传水峪耍中幡始于明初，盛于清咸丰年间，民国时出现女子耍中幡，先由冯、邢二姓耍幡艺人相传，后又相继传与杨、崔和王等姓人家，因此耍中幡便传承了下来。

水峪中幡以北京西北山区为背景，其传承过程与人民群众的传统劳作息息相关。它作为传统民俗文化的有效载体，是当地百姓农闲时节、节日庆典的重要娱乐形式，也是当地百姓文化生活不可或缺的重要内容。特别是女子耍中幡更独具特色，它打破了男子耍幡的单一性，使表演更具观赏性和惊险性。

女子耍中幡

水峪村地处大山里，偏僻安静。尤其在冬天，村里连鸟叫声都听不到。而在村口的乡村大舞台上，却锣鼓喧天，人声鼎沸，热闹非凡，原来是女子耍中幡表演开始了。

“咚咚——咚咚——”一位大力士敲打着直径1.2米的大鼓。随着锣鼓声，先由男幡绕场一周，随后8个女幡陆续登台亮相。只见8位中年女子顶着高高的中幡，双手平展，同时舞动8面幡。幡顶有伞盖、小旗，幡竿上下悬挂纱或布质的长幅，幡顶挂铃铛作为装饰。表演者或顶幡上额，表演“站肩乌龙绞柱”“左右大盘肘”……或伸臂托塔，惊险动作连连，但始终幡不离身，竿不落地，引起人们一阵阵叫好声。这真是一道亮丽的风景线!

2008年，水峪村的男女中幡队代表北京市参加了举世瞩目的北京奥运会开幕式的表演。自此，这个名不见经传的小村庄就备受人们关注，水峪中幡也吸引了人们的视线。

少年中幡队

可喜的是，现在南窖水峪中幡表演有了继承人。一群来自南窖中心校的孩子组建了一支少年中幡队，他们利用业余时间训练。

少年中幡队的中幡一般有十几斤重，当孩子们舞动起来的时候，幡会随风前后摆动，很难掌控。即使这样，他们在困难中挑战自我，勇敢地舞动起来，充满了力量，他们享受成功后的喜悦。

如果说女子耍中幡是一道亮丽的风景线，那么少年中幡队中也有一道独特的风景线，那就是许多女学生耍中幡。虽然她们身材娇小，承受中幡重量比较吃力，可是她们没有被困难吓倒，而是勇敢地顶着十几斤重的中幡，做出各种惊险的动作，这项活动考验她们的力量，更考验她们的意志与耐力，她们与男学生一道传承家乡优秀的文化传统。

“张三”功夫

遗产历史：约400年

遗产传承人：张晓航

入选情况：第二批北京市级非物质文化遗产名录（2007年）

申报地区或单位：北京归真益寿文化传播公司、朝阳区文化馆

“张三”其人

在近代北京武术界，“醉鬼张三”有较大的影响力，但对其身世、武技及传人，世人了解不多，使人产生了一种神秘感。

“醉鬼张三”姓张，名长祯，字寿亭，生于清同治三年（1864 年），10 岁左右随全家由河北省束鹿县（今河北辛集市）迁至北京南郊马家堡居住。他自幼习武，天性聪颖，12 岁遇奇人传授武功，苦练数十年而成，由此张师爷名声响遍京城。他性格豪爽，好交友，喜饮酒，常常醉酒，又因他在兄弟中排行第三，故得“醉鬼张三”之称号。

“张三”功夫的内容

“张三”功夫是古老的中国武术门派，具有以独特的“三皇吞气功”为核心的内功训练功法体系，有以“进步鸳鸯连环腿”和“旋转八方倒身连环套肘”为特色的技击训练体系。其中沉淀与凝结了丰富的古代武术的历史文化信息，堪称“中国明清武术文化形态的活化石”。

“张三”功夫创立至今有近400年的历史，在文化形式和内容结构上，保留了明清时期中国古代武术成熟定型时的系统风貌和特色。它具有“内功外拳”的文化结构和价值取向，“功体拳用、拳功结合”。功法、套路、散手、拳术和器械相互联系又自成体系，形式古朴，结构严谨，动作简捷。在传承上保持了传统文化模式，注重德才，口传心授，重人文伦理，讲究礼节规范，等等。

由于该门功夫的创立动机为“反清复明”，因此在发展过程中形成了两个特点：第一是秘密传授和练艺；第二是门派以外很少有人了解这套武术的功夫。这也验证了高手在民间的说法。

本门武术功夫有较系统的训练理念和做法，“天人合一”理论蕴含于功法实践中，“三皇吞气功”讲究“百日筑基，三年一小成，五年一大成”。练功与节气结合，“冬练三九，夏练三伏”。导引吐纳、内外兼练，练气、练筋、练膜，锻炼全面，细致入微，功效独特。功法、套路自成体系又都为技击功夫服务。“张三”功夫具有浓厚的中国传统武术功夫文化特色。

“张三”功夫体系中有本门功夫体系和外来功夫体系，两者有内在统一性和外在开放性的区别。本门功夫为张三从本门老师继承所得，称为“普通把式”；外来功夫是他从其他门派参学所得，包括少林派的腿法和肘法、藏传密宗的内功“翻掌铁裆图”、道教的轻功，以及其他器械流派的刀法、鞭法和枪法等。

张三的传说

说起张三的名字，在北京的武术圈子里那可是如雷贯耳。二十世纪二三十年代的北京城，“醉鬼张三”的名号，除了武术本身，也和他本人的江湖地位与声望有关。当时社会上有这样的传说：南有杜心五踏雪无痕，北有醉鬼张三蹬萍渡水。

传说，有一次张三洗完澡去饭馆吃饭。当时刚下过雨，满街都是水，他走着去饭馆。到饭馆一看，千层底布鞋的白边没沾上一滴水。

怎么回事呢？原来当时路上都是泥土，坑坑洼洼的，积水很多。路面有高有低，高的地方没水，低的地方有水。一般人走路鞋子都湿了。张三就挑高处跳着走，但是跳着走也没那么准，有时跳的地方可能是水。他会轻功，于是就提气拧腰，奔向别处，好像踩着水面走路，就这样到了饭馆。

还有一个更神奇的传说。一次，张三骑驴不小心掉到山涧里，忽然一只鹤从山涧底下冲天上来，带他飞走了。

原来，那天张三做钦差骑着驴走栈道，他喝多了，正走着，因为道窄，驴的一条腿踩空了。张三迷迷糊糊地说："不好，驴要掉下去了。"于是他双腿使劲一夹，因为他的功夫力度太大，这一夹倒把驴夹坏了，驴一歪，就顺着石头滑下去了。只见张三迅速离开驴背，双手抓住凸出的石头。这时，驴已经滑下去了，张三却还挂在那，然后他施展轻功就上来了。

张三仗义救人

清末，戊戌变法失败，谭嗣同和刘光第等六君子血溅刑场，他们的亲朋好友也将遭受株连。在这危急时刻，以智勇双全和豪饮著称的侠客张三联合京城各路豪杰，聚集在长城烽火台上商量对策。

听到这个消息后，慈禧太后非常惊恐，急忙与大臣荣禄、杨万禄等人密谋，精心设计了一场骗局。

杨万禄把曾经隐藏过刘光第的于纪闻之女云娘抓来做诱饵，

把她藏在天兴福酒楼的空缸中。他们假装疏于看管，云娘趁机逃跑。于是，杨万禄派手下追捕，最后，云娘被抓回。他故意把这一消息泄露出去，吸引各路豪杰前来救人。女扮男装的巾帼女侠王丽媛准备救出云娘。此时，张三等人正潜伏在酒楼假装喝酒，伺机行动。王丽媛很快找到云娘并要把她带走，杨万禄的手下出来阻拦，双方对打起来。由于王丽媛孤身一人，被杨万禄手下团团围住。不料，人群里冲出一群八卦掌弟子，与他们混战在一起。隐身暗处的杨万禄拔枪欲射，被张三用绝技打死。最后清兵赶到，云娘又被抓走。

张三求助刑部侍郎王金亭，云娘终于被释放。张三为答谢王金亭来到王府，认出王金亭之女正是天兴福酒楼救云娘的那位女扮男装的王丽媛，两人相见恨晚。没想到云娘又被劫持，张三前去施救，却中了杨万禄之子玉面狼的暗算而受伤，只能逃走了。

两年后，张三经过练功已经康复，王丽媛前来探视。此时，八国联军攻入北京，玉面狼和他们相互勾结，烧杀掳掠。他们还抓走多位民女，将她们关在天坛。

张三乔装打扮，潜入天坛。最后，他和王丽媛联手，终于手刃玉面狼，救出民女。

落日余晖中，张三和王丽媛骑上骏马，奔向远方。

蹴球

遗产历史：2300多年

遗产传承人：溥仕金

入选情况：第二批北京市级非物质文化遗产名录（2007年）

申报地区或单位：北京市民族传统体育运动协会、怀柔区喇叭沟门满族乡政府

蹴球的由来

乍一看，蹴球有点儿像斯诺克球，但是，它并不是桌面上的斯诺克球，而是被誉为脚底下的斯诺克球。

蹴球又名蹴鞠，现在我们就来认识一下蹴球吧。

据说，最早的时候，蹴球是用竹子编成的。它起源于春秋战国时期的齐国故都临淄（今山东省淄博市临淄区），流传了2300多年。“蹴鞠”一词，最早载于《史记·苏秦列传》，苏秦游说齐宣王时，就说临淄这个地方富庶，民众喜欢吹长号、打鼓，更喜欢蹴鞠。

《史记》和《战国策》记载，在当时的齐国故都临淄，蹴球已发展为一种成熟的游乐方式，十分盛行，成为一种民间体育和娱乐活动。

元代《文献通考》记载："蹴球，盖始于唐。植两修竹，高数丈，络网于上，为门以度球，球工分左右朋，以角胜负。"意思是说，蹴球开始于唐代。植两根长长的竹子，有几丈高，把竹子上面笼络起来形成一个高大的球门，就可以把球踢进去，球工分成两队比赛，一决胜负。

蹴球在唐宋时期最为繁荣，经常出现"球终日不坠""球不离足，足不离球，华庭观赏，万人瞻仰"的情景。这描写的就是中国古代的足球运动。

《蹴鞠童戏》

2004年7月15日，国际足联主席布拉特先生在第三届中国国际足球博览会上向世界正式宣布“足球起源于中国”，山东临淄被正式确认为世界足球起源地。在2006年德国世界杯期间，布拉特再次表示：“足球起源于中国，临淄是足球的故乡，这不仅是中国人的骄傲，也是全世界的骄傲，是所有喜欢足球、喜欢世界杯的人的自豪。”

2006年4月，作为德国世界杯的一部分，德国汉堡足球博物馆正式开馆，向观众展示了丰富的足球历史文化，包括作为足球起源的中国的蹴球文化。中国蹴球得到了世界上最权威部门的认可，恢复了它应有的历史地位。

蹴球的故事

2000多年前，汉高祖刘邦的父亲就是一名蹴球高手。

秦统一六国后，蹴球运动一度沉寂。西汉建立后，蹴球运动又复兴盛。汉朝人把蹴球视为“治国习武”之道，不仅在军队中广泛开展，而且在宫廷贵族中普遍流行。

《西京杂记》记载：刘邦当了皇帝之后，把父亲刘太公接到长安城的未央宫养老。刘太公吃穿用度极尽豪华，终日看歌舞伎乐，但他并不满意，终日闷闷不乐。原来，刘太公自幼生活在城市底层，接近贩夫走卒、屠羊杀牛之辈，劳动之余的娱

古代蹴鞠雕塑

乐活动离不开斗鸡、蹴球。

于是，刘邦就下了一道圣旨：在长安城东百里之处，仿照原来老家沛县的规模造了一座新城。把原来老家的居民全部迁到新城，刘太公和刘温也迁到那里，又开始以“斗鸡、蹴球为欢”，刘太公这才心满意足。

蹴球比赛

知道了蹴球的故事，现在我们再来了解一下蹴球比赛。

蹴球比赛是在一块 10 米 ×10 米的正方形场地上，运动员分两队进行比赛，每队两名运动员。有单人赛、双人赛和团体赛等形式。竞赛项目分男子单蹴、男子双蹴、女子单蹴、女子双蹴和混合双蹴等。

使用地掷球，每队两只球，分蓝红二色。甲队编为 1 号、3 号，乙队编为 2 号、4 号，比赛按 1、2、3、4 号的顺序轮流蹴球。比赛时脚跟着地，脚掌触球，用力蹴球。击中对方球，得 1 ~ 2 分，把对方球击出场外得 4 分，先积 50 分的为胜方，三局两胜。

蹴球比赛有直接对抗、间接对抗和白打 3 种形式。竞赛既能锻炼身体，又有趣味性和观赏性，老少皆宜，很受群众欢迎，是开展全民健身运动的一个好项目。

蹴球的新生

以儒家思想为核心的中国传统文化讲求“和”与“中庸”，多数情况下社会文化心理是重“文治”而轻“武功”的。人们推崇谦谦君子的温文尔雅，鄙薄尚武之士的争强好胜。在这种社会文化背景下，蹴球由对抗性比赛逐步演变为表演性竞技，因此逐渐走向衰落。

蹴球在中国流行了数千年，它的兴衰符合历史发展的规律。跨越漫长时间距离，消亡的古代蹴球又在现代足球中获得新生。

世界各国出现了众多举世闻名的足球运动员，如贝利、马拉多纳、贝克汉姆、尤西比奥、巴乔、罗马里奥、巴斯滕、罗纳尔多、梅西、贝斯特、齐达内和里瓦尔多等。

现在，中国足球运动水平虽不如欧美等国，但是足球的根在中国。我们应该从上好每一节体育课、踢好每一场足球开始，扎扎实实地练好基本功，把失去的足球荣誉夺回来，希望寄托在少年身上。

珍珠球

遗产历史：300多年

遗产传承人：徐玉良

入选情况：第三批北京市级非物质文化遗产名录（2009年）

申报地区或单位：首都体育学院

珍珠球的由来

珍珠，满族人称之为“尼楚赫”，他们把珍珠当作光明和幸福的象征。满族先世女真人曾在松花江里采珍珠，群众中至今还流传着许多关于采珍珠的传说，传承着以模仿采珍珠活动为内容的体育活动。珍珠球就是他们模仿采珠人的劳动演变而来的。

下面就让我们来认识一下珍珠球吧。

珍珠球的外壳用皮革或橡胶制成，内装球胆，表面为珍珠（白）色。球的大圆周长为54～56厘米，重量为300～325克。

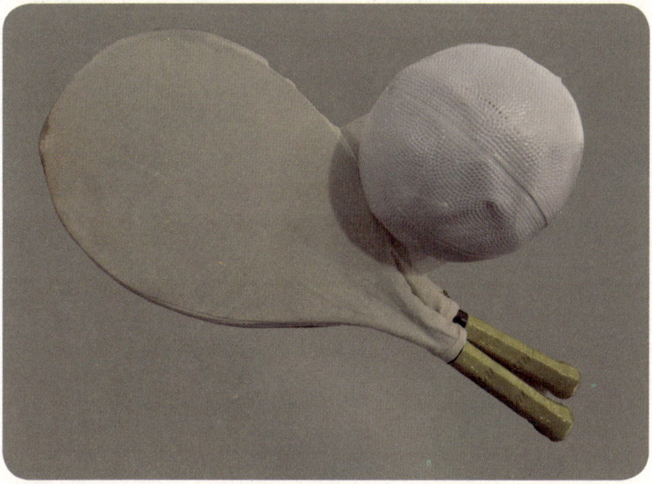

满族珍珠球和球拍

球拍为蚌形，用具由韧性的树脂材料制成。

比赛抄网

1. 抄网兜口为圆形，网圈用圆形金属条制成。圈条直径0.4 ~ 0.42 厘米，兜口直径 25 厘米。

2. 网兜用细绳或尼龙绳织成，网深 30 ~ 35 厘米，网眼为3 ~ 3.5 厘米。网兜颜色应为深色。

3. 网柄为圆柱形，长 15 厘米，直径 3 ~ 4 厘米。

4. 抄网重量为 180 ~ 250 克。

珍珠球的比赛方法

珍珠球这一富有民族特色的体育活动源于生活，紧张激烈，多姿多彩。场上攻守往复，银球穿梭飞舞，3只“蛤蚌”忽张忽合，一对抄网频频有所斩获，令人目不暇接。

珍珠球又名“采珍珠”。竞赛方法比较简单，双方对垒，每队出7名运动员。其中1名队员站在一端准备持网“捕捞”，3名手拿蚌形球拍的队员站在对方捕珠者前面拦截“珍珠”，其他3名队员下“水”与对方队员争夺“珍珠”，夺到后把“珍珠”投向自己队的持网人。而对方的队员又要设法用蚌形球拍把投来的“珍珠”拦截回去。只有让“珍珠”躲过对方蚌形球拍的拦截，投入自己队持网人的网里才算得分。投入一次得1

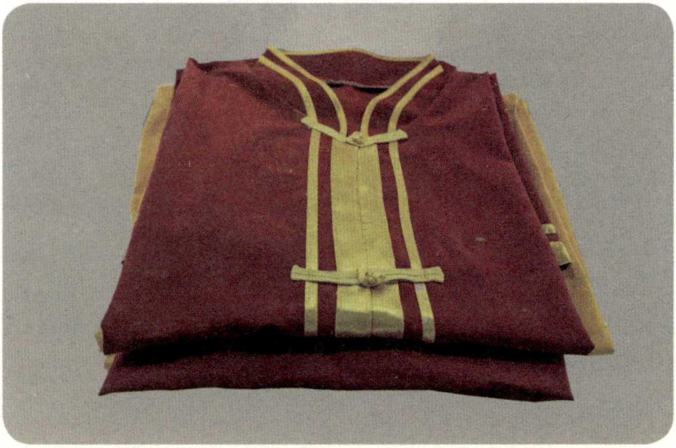

满族珍珠球运动服装

分，累计 10 分为一局，三局两胜定胜负。珍珠球比赛将体育运动之矫捷与生活劳作之优美紧密融汇在一起，可谓趣味多多。

珍珠球的观赏价值和参与度

珍珠球的比赛规则是在参考篮球、手球比赛规则的基础上制定的。这项运动具有场地、器材的简易性和游戏形式的大众化等特点。

比赛场地内设水区、限制区、封锁区、隔离区和得分区。各场区须用不同颜色（也可使用线条）显示。水区为海蓝色，限制区与隔离区为红色，封锁区与得分区为黄色。红、黄两色区域也可用其他颜色，但不论什么颜色，限制区和隔离区的颜色应该一致，封锁区和得分区的颜色应该一致。颜色的边缘代表各场区的界线。

珍珠球在水区的运动与篮球、手球运动有一定的共性，而在封锁区持拍防守队员又具有足球守门员和排球拦网队员的特点，因而具有较强的观赏性。同时，珍珠球比赛的场地面积不大，所用器材较为简单，由此可以看出，它对场地、器材要求不高。除正规比赛需要标准的场地与器材外，中小学生可以在学校的操场上，根据场地大小，规定人数进行比赛，具有较强的普及性。

通州大风车

遗产历史：2000多年

遗产传承人：梁俊

入选情况：第二批北京市级非物质文化遗产名录（2007年）

申报地区或单位：北京市通州区西集镇政府、通州区文化馆

通州大风车

提到风车，很多人可能会想到西班牙作家塞万提斯的名著《堂吉诃德》中那位永不妥协的斗士堂吉诃德。不管碰到什么样的敌人，他都毫不怯懦，永不退缩。他把磨坊上的风车当作巨人，毫不犹豫地挺枪跃马冲过去。

除了有趣的故事，风车的乐趣还有很多。纸风车制作好后用嘴轻轻一吹，它就呼呼地转动起来，非常漂亮，而且动感十

荷兰阿姆斯特丹桑斯安斯风车村风车

足。如果你对这种纸风车情有独钟，空闲的时候制作几个放在家里做装饰品，会给你的生活增添不少的乐趣。

现在，我们就来认识一下闻名北京的通州大风车吧。

风车最早叫八卦风轮，在中国传统文化中代表着喜庆和吉祥，寓意家庭幸福，人丁兴旺，四季平安。风车的出现已有2000多年的历史。说起通州大风车，最出名的要数通州梁俊的大风车。

“风车大王”梁俊

“风车大王”梁俊，生于 1933 年，是北京市通州区西集镇武辛庄村人。他勇于创新，制作的风车工艺精湛。

梁俊家从他的祖辈起就开始做风车，他是第三代传人。他的祖辈和父辈制作的风车在样式上基本没有什么改变。

风车

改革开放后，已经掌握祖传风车制作技艺的梁俊，对风车的外观进行了大胆创新，颜色更加鲜亮，大小、形状也有了变化。1987 年春节，梁俊带着他的通州大风车到红桥市场尝试销售，预备卖两天的货，结果一个上午就卖完了。大家纷纷效仿，市场里各式各样的风车层出不穷。

为了更有竞争力，梁俊想方设法设

计出更具特色的风车。他给厂商制作的可拆装风车，实现了风车的异地销售。更加难得的是，因为他喜欢玩风筝，就想把风筝改装成一个风车。他用了一个多月，边做边想，终于搭出架子。梁俊把风车和风筝的制作技法相互融合，制作了一个名为“孔雀开屏”的风车。

梁俊在艺术上不断创新，从一名普通手工艺人逐渐成长为一名民间艺术家。现在已经 80 多岁的梁老先生，依旧自己制作风车、琢磨风车。他是个老顽童，更是个玩具大师。他制作的风车有几十种，最大的是 300 轮风车。50 多年来，梁俊制作过 20 多万个风车，誉满全球，成为名副其实的“风车大王”。

风车的制作步骤

作为一种传统民间工艺，风车制作要经过几十道工序，对于孩子们来说太复杂了。

不过，也有适合孩子们制作风车的方法。这里给大家介绍一款七彩纸风车的制作步骤，这个方法非常简单易学。

七彩纸风车的漂亮程度取决于纸张的厚度和花纹，因此，选择一张独具特色的纸张，显得尤为重要。

做七彩纸风车的具体步骤：

1. 先把纸裁成正方形。

2. 从 4 个角沿对角线向中间剪开，不要剪到中心点哦！

3. 用打孔器开 4 个孔，把带孔的角向中间折，不要折出折痕，这样 4 个带孔的角就在中间会合了。

4. 用图钉把风车中间固定住。

5. 风车做好，固定在吸管上，插进花瓶。

打开窗户，一缕缕微风吹来，七彩纸风车就轻盈地转动起来了。

九曲黄河阵灯会

遗产历史：600多年

遗产传承人：刘纪华

入选情况：第二批北京市级非物质文化遗产名录（2007年）

申报地区或单位：北京市密云区文化馆

九曲黄河阵灯会的来历

九曲黄河阵灯会在密云区东田各庄村世代流传着，寄托了山西移民对家乡的思念。明洪武四年（1371 年），山西移民将九曲黄河阵灯会带到这里，至今已有 600 多年的历史了。

九曲黄河阵的阵势，按《周易》九宫八卦之方位，以“富贵不断头”传统图案九曲而成。阵内有乾、坎、艮、震、中、巽、离、坤、兑九宫，象征中华九州。人们从入口进，通过连环阵，再从出口返回，就意味着一年顺顺利利、平平安安。

九曲黄河阵灯会是古老的“阵法”与民间花会的结合。顾名思义，就是取黄河九曲十八弯之意，以灯代兵，布阵游戏，是东田各庄村春节期间独有的群众娱乐活动。

每年的农历正月十四、十五和十六这 3 天晚上，是东田各庄村最热闹的日子。

夜晚，皓月当空，彩灯齐明，鼓乐喧天，鞭炮声声，人流如潮。全村的 20 多档花会和四方赶来看热闹的乡亲们蜂拥而至。随着花会会首（花会的领头人）洪亮的一声“散灯！”，刚才还静悄悄的九曲黄河阵霎时间灯火通明，仿佛万千伏兵陡然拥来。

东田各庄村九曲黄河阵灯会的显著特点是融灯场、花会及戏曲三位为一体，相映生辉。村中与九曲黄河阵灯会相伴而生的花会——德缘善会也远近闻名，而河北梆子剧团的加入，使得灯会更别具一格。

九曲黄河阵灯会模型

入夜，阵里华灯齐放，火红一片。一阵鞭炮声过后，阵里灯烛一齐点亮，20多档花会由5面中幡前引，队伍开始从右侧门入阵。花会中3丈高的中幡打头，后面依次为二幡、三幡、四幡、手幡，即五幡。头幡最高，依次为等差排列，每道幡的高度比前一道幡少一尺，形成了前高后矮浩浩荡荡的气势。只见5道幡间隔依次进入，头幡走到中宫时（阵中央），其余的4道幡正好走到阵的四角，5道幡就好像阵中5个瞭望指挥的刁斗一样，其余4个刁斗拱卫中宫刁斗。中宫的头幡是整个九曲黄河阵的指挥中心，在中宫的刁斗内，可总览全局，指挥阵中的千军万马。幡后面紧跟一群摇头摆尾的狮子，它们正准备大显身手呢。

密云东田各庄德缘善会会旗

依次往后看，狮子后面是轧鼓，代表古代军中的战鼓，共20面，每面鼓重20多公斤。表演者将鼓斜挎胸前，边走边击鼓，鼓声隆隆，惊天动地。在花会中有“轧鼓是会的胆”之说，验证了“一鼓作气，再而衰，三而竭”之说。

灯会的演变

1958 年九曲黄河阵灯会停办，直到 20 世纪 80 年代，人们的日子越过越好，村中的老人们提议，将九曲黄河阵灯会恢复起来。但因为缺少阵图，无法恢复。

1995 年村中的刘继华老人拿出他保存了 50 多年的阵图，据说这张图至少有百年历史了。

在九曲黄河阵灯会 600 多年的演变过程中，村里对其进行了改进，最明显的是灯。原来阵中的灯是用个头均匀的红、绿萝卜切去上半部分，挖空心做成灯碗，用棉花捻成灯捻，倒上麻油制作成的简易灯。现在改用蜡烛，就亮多了。

入夜，转九曲又开始了。九曲黄河阵里几百根蜡烛同时点亮，灯群左右对称，纵横成行。中幡打头进入九曲黄河阵，锣鼓唢呐齐鸣。九曲黄河阵内，灯光人影像一条火龙游动起来；九曲黄河阵外，观者似海。

绕完象征一年的 365 盏灯，踏遍象征中华九州的九曲黄河阵，经历了曲折、磨难，预示今后的道路畅通无阻、大富大贵、大吉大利。

灯会的现状

九曲黄河阵灯会作为东田各庄村的一大盛事，集民间扎制工艺和游艺于一体，具有独特的观赏价值。

九曲黄河阵灯会,是当地村民元宵节期间重要的文化活动，在给人们带来愉悦的同时，也传承了北京传统文化，具有重要的历史价值。同时九曲黄河阵灯会作为村中 20 多档花会及河北梆子表演的载体,对其他艺术形式的发展也起到了促进作用，活跃了地方民众文化生活。

随着社会环境的变化，在多元文化的冲击下，九曲黄河阵灯会也遇到了艺人老龄化、后继无人的严峻问题，再不抓紧抢救和保护，只能成为人们记忆里的珍宝了。

三皇炮捶拳

遗产历史：100多年

遗产传承人：高文成

入选情况：第三批北京市级非物质文化遗产名录（2009年）

申报地区或单位：北京市石景山区武术协会

“三皇”是何人

“三皇”一般是指天皇伏羲、地皇神农和人皇黄帝。他们是传说中远古时期的3位杰出部落首领。先秦时期三皇神的属性更高于人的属性，三皇皆有天帝属性，他们被后世记载为人类始祖。

伏羲，三皇之一，即天皇，与女娲同为福佑社稷之正神。《楚帛书》记载其为中国最早的创世神。风姓，又名宓羲、庖牺、包牺、伏戏，亦称牺皇、皇羲，《史记》中称之为伏牺，

伏羲

在后世被官方称为“太昊伏羲氏”，亦有青帝太昊伏羲（即东方上帝）一说。他是古代传说中的中华民族人文始祖，是中国古籍中记载的最早的王，他被尊称为中国医药鼻祖。

神农氏，传说中农业和医药的发明者。远古时期，人们过着采集和渔猎的生活，他发明制作木耒和木耜，教会人们从事农业生产。这些反映了中国原始时期由采集、渔猎开始向农耕生产发展。又传说他遍尝百草，发现药材，教会人们医治疾病，他被尊称为地皇。

黄帝，传说中华夏部落联盟首领，中国远古时代华夏民族的共主。据说他是少典与附宝之子，本姓公孙，后改姬姓，故称姬轩辕。史载黄帝因有土德之瑞，故号黄帝。黄帝以统一华夏部落与征服东夷和九黎族而统一中华的伟绩被载入史册。黄帝在位期间，播百谷草木，大力发展生产，始制衣冠、建舟车、制音律和创医学等。由于位于五帝之首，因此他被尊为中华人文初祖。

三皇炮捶拳用华夏开天辟地的历史名人“三皇”命名，可以看出其源远流长、历史悠久；又因其出手如锤，发劲如炮，故名“炮捶”，合之则称“三皇炮捶拳”。随着历史的发展，三皇炮捶拳不断地发展完善，代代传承，成为中华民族的优秀文化遗产之一。

神农氏

轩辕黄帝塑像

三皇炮捶拳的特点

三皇炮捶拳属于内家拳，传入北京已有100多年的历史。这门拳术是技击与气功相结合的拳术，强调以气为主，以理当先，上步有情理，脚下有圈劲。它沉稳刚劲，内力充实，快猛巧捷，飘忽轻灵，发力气劲合一，刚柔相济，常以利斧破硬柴的劲力表现出勇往直前、所向无敌的气势，给人一种清新爽快、朴雅大方之感。

三皇炮捶拳是历史悠久的传统拳术之一，是完整统一周身的功力与灵巧多变之技法相结合的一个拳种，是集技击技术与健身功能于一体的一种功法。

它的套路结构简练，朴实无华，动作沉稳刚劲，充实有力，形象生动。

三皇炮捶拳的主要流派及传人

三皇炮捶拳的创始人乔三秀把三皇炮捶拳艺传给了第三代传人乔鹤龄。

据说，乔鹤龄在游峨眉山时巧遇宋迈伦，谈论武术，甚为投契，即收他为弟子，后又收弟子于连登。第四代传人宋迈伦和于连登创立了三皇炮捶拳的“宋”派、“于”派两派，为三皇炮捶拳的发展奠定了坚实的基础。

清同治五年（1866 年），于连登之子于鉴先得其父亲授，后来去北京，拜宋迈伦为师，得宋之奥妙后技更精绝，功达上乘。自此，他在北京大开山门，传授三皇炮捶拳。不久，京都会友镖局同三皇炮捶门名声大振，镖局生意兴隆。三皇炮捶拳也广为传播，得到了很大发展。

以京都会友镖局为中心，“宋”派第五代传人中主要有宋云达、张殿华、孙德运、宋帮真、赵致中等数十人。“于”派中尤其是于鉴来京后使三皇炮捶拳进一步发展壮大，他成为第五代传人中的佼佼者。

第六代传人中主要有名扬长城内外的镖头“四大亭”，即王兰亭、王显亭、王豪亭、孙立亭，以及名震武林的“大枪侯金魁”、“大枪陈友清”和董永昌等。他们个个身怀绝技，武艺高超。

无心插柳柳成荫

于连登在晚年传艺于 5 个儿子与众徒弟，可惜的是并无一人有成就。他的第六个儿子于鉴，因身材矮小瘦弱，他不肯传艺。谁料于鉴人小志大，多年来暗地偷学，终成大器。于连登知晓此事为时已晚，无可挽回，临终叮嘱于鉴进京投师宋迈伦深造。

尔后，于鉴在京多年，得到了宋迈伦师伯的真传，拳艺精深，威震武林，名扬四海，所以才有“于拳宋手”之说。京都会友镖局创立后，于鉴与孙德运、张殿华、宋云达等同在京都会友镖局坐镇。后来因转任西北路镖的总镖头“神弹子李武”去世，于鉴出于朋友义气，帮镖过道。走镖黄牙山，路遇强人劫镖。于鉴单枪镇贼王，安全地护镖到达目的地，从此威名远传西北。

三皇炮捶拳的传承

三皇炮捶拳能经久不衰传承到今天，是武术爱好者一代又一代人共同努力的结果。对于这一历史悠久的体育运动，作为中华儿女，我们有责任继续发扬光大。

意拳

遗产历史：100多年

遗产传承人：姚承光

入选情况：第三批北京市级非物质文化遗产名录（2009年）

申报地区或单位：北京市武术运动协会意拳研究会

意拳的起源

意拳又称大成拳，是汉族传统拳术之一，属于内家拳，源于心意拳，包括站桩、试力、走步、发力、推手、散手等。

据传心意拳为宋代名将抗金英雄岳飞所创。明末清初，山西人姬际可，访名师于陕西终南山，遇高人指教，授予《岳武穆王拳谱》。他朝夕研练，尽得其中奥妙。中年时期，姬际可因为“反清复明”，隐居少林寺10年，传艺于河南人马学礼和安徽人曹继武。姬际可开宗创派以来，历经数百年、10余代人传承，已形成了庞大的体系。

清末民初，河北深县魏家林村人王芗斋吸取众家之长创立了意拳。因为无固定招法和拳套，强调以人的意念引导动作，故名意拳。

王芗斋，名政和，晚年自号“意拳矛盾老人”。1918 年，为进一步探索我国传统拳学的真谛，他离家出游，曾到河南嵩山少林寺，与寺中方丈心意拳传人恒林大和尚切磋数月，于是又进一步发展了意拳。

意拳的特点

意拳以意念统率肢体，精神集中，呼吸自然，周身放松，使肢体各部连成一个整体，进而运用精神，使全身处处建立争力，并与外界建立争力，名曰浑元力。争力为身体各部松紧的互相交替，使精神和外界达到高度协调统一，从而充分发挥精神和身体的能量。

具体而言，意拳注重健身和实用两个方面，没有套路及固定的招式招法，强调以意念引导动作。站桩是意拳的基本功，是进行拳术各项训练的基础，是意拳的核心内容和主要的训练手段。站桩根据练习目的和训练阶段的不同，可分为技击桩和健身桩，这两种桩法都是在保持外形不动，即相对静止的情况下进行锻炼的。

意拳站桩与“金鸡独立”

站桩是意拳之母，首要是重意念。练习时，首先胳膊抱球，大腿夹球，远望大好河山，悠然抱球、夹球，同时意念要到。随着练习逐步深入，由简入繁，再到头若悬丝，屁股如坐在凳子上的感觉。初学之法在于意念假借抱球、夹球似有似无的撑抱感。假如胳膊或者身体某个部位累了，就要停下来调整身心重新开始，不求时间长短，在于神意聚，这就是对形松意紧的诠释，反之则无异于坚持错误，离拳学之道渐行渐远了。

如果你还未领会如何站桩，可以借鉴“金鸡独立”的练习方法。

练习“金鸡独立”时，身体直立挺拔，左腿提起，脚尖回勾，右腿弯曲，臂部和足跟成直线，左手搓按，右手提携，头领脊柱神经，精神集中。

其实“金鸡独立”练习方法很简单，但要闭上眼睛保持平衡，所以必须专注，心意专注于脚底，这是抱元守一的一种方式。如此，心便不再散乱虚躁。两手自然放在身体两侧，任意抬起一只脚，试试能站立几分钟，关键是不能将眼睛睁开。

学习拳术时，身体绝大部分时间都处在紧张状态，有的人坐在椅子上，腿还在不停地抖动。精神紧张时，肌体器官多处于紧张状态，表现为心率加快，呼吸加强，血压升高，而松静自然状态则是节能蓄能的过程，能有效缓解疲劳及因紧张造成的不适。锻炼站桩过程中要运用良性意念，如“身在温泉之中”“阳光和煦”“微风吹拂”“鸟语花香”等，以良性意念逐渐代替紧张情绪、烦恼心事，以及其他一切杂念。同学们利用课余时间练习站桩，不但能起到净化心神的效果，还可以使体内在某个时刻或时间段产生快感因子，心情愉悦地投入到学习中去。

练习意拳的意义

多年来，意拳对于增强人们的体质做出了卓有成效的贡献，更重要的是它保留并发展了我国传统拳学的技击效用，并已形成了一套完整的体系。如今，意拳已广泛流传于全国各地，传播于社会各界，在一些国家和地区也有为数众多的爱好者。

意拳有着广阔的发展前景，“弘扬意拳精髓，传播武术文化，振奋民族精神”，是广大意拳同人一贯坚持的宗旨和共同奋斗的目标。相信意拳必将在中国武术走向世界的过程中做出积极的贡献。

六合拳

遗产历史：600多年

遗产传承人：曹凤岐

入选情况：第三批北京市级非物质文化遗产名录（2009年）

申报地区或单位：北京市武术运动协会六合拳研究会

六合拳的起源

在金庸先生的《天龙八部》中，江湖武林门派众多，其中的刀法六合刀竟然出现了3次之多。朴实无华、劲力浑厚的六合刀，属于六合拳中的传统刀术套路。

六合拳是中国传统拳术之一，据说源于元末明初的少林寺。“六合”指东、南、西、北、上、下6个方位，表明练拳时前后、左右和上下都要兼顾，做到手与眼合、步与身合、智与力合。

练拳要按龙、虎、鹤、兔、猴五形和八卦方位练习，要求动如行龙、定如卧虎、轻如云鹤、迅如狡兔、灵如猿猴。拳法注重一打、二拿、三摔，架势要求做到威武挺秀、矫健敏捷、闪展腾挪、缓急轻重、机智灵活。

据民间传说，六合拳是少林寺烧火僧许那罗根据日常僧人格斗的多种招式创编而成的，具有结构严谨、进退有节、攻防兼备、形态逼真和实战性强的特点，所以颇受武僧喜欢。它是少林拳中的对练套路，是历代武僧名师授徒传艺的重要套路之一，是训练打擂的基础。

按照“内三合”和“外三合”的练功特点，六合拳属于内家拳和外家拳兼备的拳种。按民间传统说法，六合拳属于“外家拳”；许禹生先生认为六合拳是少林派的一种发展变化；万籁生先生认为六合拳属于北派少林中韦陀门的一个分支。按现在国家武术部门对武术的分类，六合拳是中国传统武术中长拳的一种。

六合拳的主要内容

六合拳内容丰富，系统完整，包括拳术、器械、单练、对练、技击和功法等。它的套路有 72 式，拳谱中每式用 4 个字来象其形，会其意，如力士分牛、西子捧心、鲤鱼分水、掀箱取宝、守株待兔、逢蒙开弓和拐仙摘果等。其入门基础拳套有十二路潭腿、迎门炮、行龙拳和化工拳；另有行拳、六家式、八步行走梅花变、四种拷打和七十二把擒拿，兼习摔跤、弓箭和弹丸。

下面介绍一下具体内容：

1. 套路

有拳械套路 20 余趟，包括刀、剑、枪、棍、双刀、双剑、双钩、双枪、九节鞭、三节棍和飞刀、镖刀等多种器械。本门独有的或较特殊的器械有拦马橛、单手钩和弹弓等。对练有对拳、对剑、单刀进枪、大刀进枪和空手夺刀等。

2. 技击

有踢、打、摔和拿等技法；有短兵、长兵的劈、刺、扎、扫等器械攻防技术。灵活多变，攻防结合。

3. 功法

“练武不练功，到老一场空”，本门十分重视功力训练。除各门共有的武术基本功外，还有一些根基功夫和特殊技艺的训练，如“七星桩”“九星躲闪桩”“梅花桩”“插沙法”“上罐功”“悬线法”“木人功”“沙袋法”等。

六合拳的特点

六合拳的套路具有矫健敏捷、干脆利落、刚劲有力、舒展大方、动静分明和刚柔相济的特点。练习时要求三尖相对，上下相随，内外合一，手、眼、身、法、步紧密配合，并要求做到静似书生，动则雷鸣，快似闪电。

无论在练功或套路中，都要讲究六合，要“内练丹田气，外练筋骨皮”，注意“气沉丹田，呼吸自然”。六合拳讲究先有其形，后有其意，从有形到无形，从外三合到内三合，而且要学、练和用相互结合，从而达到固内强外，健身自卫。

六合拳强调眼观六路、拳打八方、外静和随机应变，要手动眼随，步动身随，心动意随；要求招法准，速度快，步法稳，出手狠；讲究出手便打，顺手便拿，缩手便摔，起脚便踢等打法。智、勇、力和巧相结合，才有必胜的把握。

六合拳的传承

六合拳发源于河北省大运河畔的泊头，兴于明，盛于清，具有极高的研究与健身价值。

六合拳拳法外练踢、打、摔、拿，内含天人变化，通过六合使人与自然融合、内功与外力结合。当你看到一位花甲老人正挥舞双刀，展示六合刀法……他的功夫已达到刀随身换、刀人合一的境界，可谓至纯至熟。

梅花桩拳

遗产历史：2000多年

遗产传承人：韩建中

入选情况：第四批北京市级非物质文化遗产代表性项目名录（2014年）

申报地区或单位：北京市西城区

梅花桩拳的来源

梅花桩拳亦称梅花拳，是中国传统武术拳种之一。为演练方便，在地面演练较为广泛，称为落地干枝梅花桩，于明末、清乾隆年间流传较广。

邹宏义，字光大，清代直隶顺德府（今河北邢台市）人，著名武术家，是梅花桩拳的创始人。

梅花桩拳自邹宏义开始，才正式传播至民间。清康熙年间，邹宏义文功武法已练至炉火纯青、出神入化的境界，名声大振。为了将梅花桩拳推向社会，邹宏义云游到开州（今河南濮阳），先后收蔡光瑞、王西征和孟有德为徒，尽授文功武法。

徒弟三人艺业学成，便分路传拳授艺，其中蔡光瑞最为出色。他在开州收韩化礼、孙盘龙为徒后，便北上开道传拳。蔡光瑞途经河南内黄县时，收八里庄杨炳为徒，后来杨炳于清康熙五十一年（1712 年）高中武探花。之后他继续北上，来到顺德平邑马庄桥收张复为徒，遂在马庄桥传授武艺，后收徒孙李进德、徐进德和郑玉德。

清康熙四十四年（1705 年）蔡光瑞命李进德、徐进德和郑玉德三人去河南迎请师祖邹宏义，这就是被武林界传为佳话的“三德”请师。邹宏义被请到马庄桥后，便定居下来，在此设场收徒，传拳授艺，一时从学门徒不下百人。自此，梅花桩拳正式在民间广为传播。

梅花桩拳的基本套路

梅花桩的基本套路分桩步与行步。桩势有大势、顺势、拗势、小势和败势，合称为桩步五势。桩步五势为静止的拳势，是练全身之力的主要方法。桩步五势左右对称练习，宛如盛开的双瓣梅花。而行步则以三法为主，即扎法、摆法和撤法。这三种步法特点是忽左忽右、行东就西，灵活多变，使对手如堕五里雾中而不能辨其方向。桩步五势和行步三法两者巧妙地结合起来，交替出现，动静相间。

梅花桩拳的变革

梅花桩拳在其长达2000多年的历史上，有几次较大的变革。

第一次变革是梅花桩拳第一大谱的初步形成，由华山道长董法利先师建立，其他7位先师写成拳谱、拳书和拳规传于后人，书名叫《七星花拳》。

第二次变革是在唐贞观十七年（643年），第二大谱的形成。当时有12位在河南嵩山少林寺的先师，他们修书写成拳谱、拳规传于后人。

第三次变革是在宋代，第三大谱的形成。由关青玉的后人关升风、张建才的后人张洪金、王金停的后人王大龙等修书成谱传于后人。

第四次变革是在明朝洪武年间，由定国公徐达、张长卫、王大山、杨传中、丁继芹、周定来、徐光心、曹新明和金龙等人修书，写成拳谱、拳规传于后人。

梅花桩拳从明崇祯元年（1628年）有了更大的变化，迎来了它的第五次大变革。四大拳谱被定为祖谱，在祖谱内分为12小谱，12小谱分为12支12派。最终，全国各地的梅花桩拳分为12支3大派。3大派即龙门派、青龙派和金龙派。龙门派是第一家，掌门人张山；青龙派是第二家，掌门人周传玉；金龙派是第三家，掌门人赵忠武。从此，梅花桩拳开枝散叶，花开数朵。

梅花桩拳的传承

自古以来，梅花桩拳就有文场和武场的活动，它的流传和发展也是“文武齐全”。文场敬祖师，掌管世代流传的经书、辈谱，文场老师在拳派内都是德高望重、文武兼备的老前辈，平时教化弟子、维护拳派的团结和传承优良传统。

在梅花桩拳的流传和发展中，不论是纯文还是纯武都是不齐全的，这样的流传和发展也是不会长久的。所以，我们在进行梅花桩拳的宣传时应是文武一体的。一个真正的梅花桩拳弟子是不能忘“本”的，这个“本”不仅指要尊敬自己的老师，更要信仰梅花桩拳的祖师。这个“本”又是梅花桩拳的道德、智慧和基本精神。正是坚持了这个原则和精神，梅花桩拳才能代代传承，发扬光大。

杨式太极拳

遗产历史：180多年

遗产传承人：崔仲三

入选情况：第四批北京市级非物质文化遗产代表性项目名录（2014年）

申报地区或单位：北京市朝阳区

杨式太极拳的来源

杨式太极拳历史悠久，是太极拳的重要流派之一。它是由直隶省广平府（今河北省邯郸市永年区）杨露禅及其子杨班侯和杨健侯，其孙杨少侯和杨澄甫等人创编的。

由于太极拳姿势舒展，平正朴实，练法简练，因此深受群众的喜爱，流传比较广泛。

杨式太极拳发源地是河北永年广府（因历史上曾为广平府治所，故称广府）。广府古城位于河北省邯郸市永年区，历史悠久，自然风光秀美，文化底蕴深厚，是全国著名的古城、水城和太极城。

广府古城古称曲梁，自西汉起，历代为郡、府、州和县治所。隋唐以前为土城，周长 4500 米。隋末唐初，夏王窦建德曾在此建都。

古城内外历史文物及遗存众多，有弘济桥、藏兵洞、杨露禅和武禹襄故居等国家、省、市文物保护单位 20 余处。

杨式太极拳的渊源

杨式太极拳传自张三丰。张三丰，明道士，辽东懿州（今辽宁阜新东北）人，道号三丰，英宗时封为通微显化真人，后人称他为张真人。他身高 7 尺，鹤骨松姿，面如古月，慈眉善目，胡须如戟，头戴一个竹篾编成的帽子，手持拂尘，日行千里。他聪明过人，经书看一遍就能背诵下来。洪武初年（1368 年），他到四川武当山修炼结庵玉虚宫。

传说有一天，真人在屋里诵读经书，外面有只大鸟在不停地叫，叫的声音很大，如同有人在大声争论。他透过窗户，看到那只大鸟停在柏树上，紧张地边叫边往下看。他探头一望，原来院子里有一条蛇，盘曲着身体，仰视着树上的大鸟。它俩开始相斗，大鸟一边惊叫着一边飞下，展开翅膀拍打蛇。蛇不停地摇晃着脑袋，左躲右闪，躲过大鸟的翅膀。大鸟一看无法制服蛇，就飞到树上歇一会儿。不一会儿，它还是不甘心，又飞下展翅击打蛇。蛇又蜿蜒轻身闪过，仍然盘曲起来。这样反复多次，大鸟没有打着蛇。后来，真人出门，大鸟看到有人来，就飞走了，蛇也走了。真人由此悟出道理：蛇盘曲的形状如太极，能以柔克刚。因此，他灵感来了，根据蛇形的变化而创造出太极拳的拳法。

杨式太极拳的特点

杨式太极拳动作要求如长江大河，滔滔不绝。此动作之完成，乃下一动作开端，绵延相续，一气呵成。

杨式太极拳拳架舒展优美、身法中正、动作和顺、平正朴实、由松入柔、刚柔相济，犹如湖中泛舟，轻灵、沉着兼而有之。

杨式太极拳作为太极拳的分支，其动作以松柔入手，练劲养气，可缓可快，具有以柔克刚、引进落空、舍己从人等特点。它既可技击防身，又能增强体质，防治疾病。

杨式太极拳练法简捷，深受大众的喜爱，故而在所有的拳法中它流传最广，普及率最高。

杨式太极拳的传承

国学大师张义尚认为太极拳是“劲沉脚底的松沉圆转运动”。由于社会上出现了各种简化太极拳，竞赛套路流行，太极拳逐渐演化成体操和体育比赛项目，传统太极拳之真貌几乎难以再见。

只有那些一脉相承的传人，才能系统地学习和掌握这种高明的拳术。我们要抓住杨式太极拳的精要，持之以恒，刻苦训练，才能全面掌握杨式太极拳这一武术瑰宝。

孙式太极拳

遗产历史：400年

遗产传承人：孙婉容

入选情况：第三批北京市级非物质文化遗产名录（2009年）

申报地区或单位：北京市西城区体育总会、北京市武术运动协会孙式太极拳研究会

孙式太极拳的由来

孙式太极拳创始人是孙禄堂先生，他早年随形意拳大师郭云深学习形意拳。然后，他随八卦掌大师程廷华学习八卦掌。随后，他师从太极拳大师郝为真学习太极拳。最后，他吸取三家拳法之长，综合创造出孙式太极拳。

孙式太极拳的特点

练习孙式太极拳时，要舒展圆活，进退相随、上下一致，无左右歪斜的形体，全套动作如行云流水，绵绵不断，全身放松，不僵不滞，进行中无起伏。无论是动作的虚实变化，还是动作的速度都要均匀，不可忽快忽慢，更不可有停顿的地方。

在练拳过程中，始终要保持自然，要一动无有不动，一静无有不静，万不可努气、拙力。由于中正平稳，所以才能不前俯后仰，不左歪右斜。这在练拳以前，就应该在思想上引起重视。

孙式太极拳讲究自然协调，要求练习者周身各部位达到协调一致。

古彩戏法

遗产历史：2000多年

遗产传承人：杨宝林

入选情况：第四批北京市级非物质文化遗产代表性项目名录（2014年）

申报地区或单位：北京市朝阳区

古彩戏法的由来

古彩戏法早在新石器时期就萌芽了，它是人类远古文明之一。戏法是以自然科学为依托的艺术，由于科学无止境，也使得这门艺术能够历久弥新。

古彩戏法是历史悠久的民间艺术。自南宋以来杭州的瓦舍、街头，以及喜庆堂会都有演出。变戏法一直遵循传统，表演者穿着长袍表演，表演前必须把盖布里外让观众看过。艺人讲究“八字真言”，即“捆、绑、藏、掖、撕、携、摘、解”。后台做准备工作用捆起、绑好、埋藏、掖夹；前后使活儿时用撕烂、携带、摘下、解开。表演者以出神入化的巧妙手法，从无到有，显示出人类的创造才能。

古彩戏法的表演

古彩戏法在形式和内容上都有自己独特的风格。戏法演员大都身穿长袍，道具有鱼缸、瓷碗、花瓶、火盆等，全部带在身上；表演内容按照中国民俗，大都有喜庆吉祥之意，例如吉庆有余、瓶升三戟（谐音平升三级）。

表演开始了。首先，请你注意观察演员的手法技巧和形体运动。演员从台后行至台前中央站定，要从演员出台亮相的几步行走中看演员步履是否轻盈，神态是否自若。如果演员穿着一个长袍，尚能进退自如，给人毫无负重之感，这就表明演员功夫上乘。当然，表演中国古彩戏法的演员，一般要身高 1.8 米左右，头大脸阔、肩宽身瘦为宜。这样的演员穿着长袍在身上带彩物才能协调而不显得臃肿。

接下来，你要注意演员的表演技巧和基本功。大家知道，各种彩物全藏在演员身穿的长袍里，但是怎样变才能不露破绽，这就靠演员的功夫了。当表演海碗和玻璃塔时，在碰地的一刹那，要完成脱钩、揭顶、下幔、回托 4 个动作。出其他彩物时，有的演员不仅用毯子掩饰，还要撩袍交代，改变了那种出一件彩物换一条毯子的陈旧演出方式，进一步表明演员的基本功是过硬的。

古彩戏法的发展

汉武帝时期，由于政治、经济和文化等方面都得到了迅猛发展，这就为古彩戏法及整个文化艺术的发展提供了物质条件。随着统治阶级生活日益骄奢，他们开始追求享乐，羡慕神仙。在这种背景下，古彩戏法得到帝王的倡导、皇家的扶植，成为“宫廷艺术”。

随着老百姓生活水平的提高、科学技术的发展，古彩戏法逐步丰富和成熟起来，由“宫廷艺术”逐渐发展为“民间艺术”。在宋、元、明、清时期，各种庙会和娱乐场所，都出现了古彩戏法表演，演员精湛的表演和玄妙的演技深受人们的喜爱。

参考资料

[1] 李小龙. 截拳道之道[M]. 北京：北京联合出版社，2014.

[2] 李小龙. 李小龙技击法[M]. 北京：北京联合出版社，2013.

[3] 《中国武术百科全书》编撰委员会. 中国武术百科全书[M]. 北京：中国大百科全书出版社，1998.

[4] 李天骥，李德印. 形意拳术[M]. 北京：人民体育出版社，1981.

[5] 鲁越，许奎元. 体育规则实用全书[M]. 北京：长征出版社，2003.

[6] 中华武术大辞典编委会. 中华武术大辞典[M]. 南京：江苏科技出版社，1994.

[7] 杨澄甫. 太极拳使用法[M]. 北京：中华武术出版社，1970.

[8] 李蓓玲，赵友. 中国传统武术拳种汇编[M]. 北京：中国文史出版社，2019.

[9] 杨丽. 杨式太极扇[M]. 北京：北京体育大学出版社，2000.

[10] 康戈武. 中国武术实用大全[M]. 北京：今日中国出版社，1990.

[11] 任刚. 通背拳连环秘技[M]. 北京：北京体育大学出版社，1996.

[12] 成传锐，杨伯龙，刘玉萍. 通背拳[M]. 北京：北京体育学院出版社，1994.